中经管理文库
管理学精品系列

产业链现代化对策研究

以云南省为例

李瑞光◎著

中国经济出版社
CHINA ECONOMIC PUBLISHING HOUSE
·北京·

图书在版编目（CIP）数据

产业链现代化对策研究：以云南省为例／李瑞光著
．--北京：中国经济出版社，2023.9
ISBN 978-7-5136-7450-8

Ⅰ．①产… Ⅱ．①李… Ⅲ．①制造工业-产业链-现代化建设-研究-云南 Ⅳ．①F426.4

中国国家版本馆 CIP 数据核字（2023）第 172722 号

责任编辑　焦晓云
责任印制　马小宾
封面设计　任燕飞

出版发行　中国经济出版社
印 刷 者　北京富泰印刷有限责任公司
经 销 者　各地新华书店
开　　本　710mm×1000mm　1/16
印　　张　11.25
字　　数　161 千字
版　　次　2023 年 9 月第 1 版
印　　次　2023 年 9 月第 1 次
定　　价　88.00 元
广告经营许可证　京西工商广字第 8179 号

中国经济出版社 **网址** www.economyph.com **社址** 北京市东城区安定门外大街 58 号 **邮编** 100011
本版图书如存在印装质量问题，请与本社销售中心联系调换（联系电话：010-57512564）

前言

PREFACE

提升产业基础能力和产业链水平是支撑高质量发展的必要条件。2019年7月30日，中共中央政治局会议首次提出，提升产业基础能力和产业链水平。同年8月26日，习近平总书记在中央财经委员会第五次会议上强调，要充分发挥集中力量办大事的制度优势和超大规模的市场优势，打好产业基础高级化、产业链现代化的攻坚战。这是从长远战略角度对我国产业发展作出的重大谋划和部署，具有重要而深远的意义。

党的十八大以来，云南省以生物医药和大健康等八大重点产业为着力点，持续推进供给侧结构性改革，在经济发展总量上实现了新跨越，全国排名由2014年的第24上升至2022年的第18。云南省能源产业成为新的支柱产业，电子信息产业从无到有，生物医药、先进装备制造、新材料等新兴产业潜力巨大、前景可期，经济结构调整持续优化。但是，我们也不能忽视云南省产业链发展中不断出现的问题。云南省产业发展基础还处在中低水平，重点产业关键核心技术受制于人；新兴产业存在的问题表面上看是产品档次不高、品牌建设滞后，根本上是缺少核心技术和拳头产品，在产业链关键环节被“卡脖子”，产业控制力和制造业话语权有待提升。云南省亟须在“十四五”时期提升产业链现代化水平，以有效支撑经济实现高质量跨越式发展。

本书在梳理产业链有关理论的基础上，阐述了产业链现代化的内涵与外延，提出产业链现代化是用新技术、新理念、新方式改造提升传统产业链的动态过程，可在价值链、技术链、供应链和空间链四个维度达到领先全球的竞争力水平，即形成价值高端化、技术创新化、供应融合化和空间集聚化的新形态。

结合实地调研与部门座谈可知，云南省在工业制造、重点产业培育、重大创新突破、绿色制造体系构建等方面具有较好的产业链现代化基础条件。与此同时，产业规模偏小、创新能力不强、开放层次不足等问题也制约着云南产业链现代化相关活动及其效果。本书从价值高端化、技术创新化、供应融合化、空间集聚化四个层面，构建了包含 4 个二级指标、14 个三级指标的产业链现代化评价指标体系。考虑到产业链现代化的影响因素众多，且大多是灰色、模糊、难以量化的，本书采用灰色系统理论构建产业链现代化综合评判模型，以云南生物医药产业、天然气、高原特色现代农业、绿色能源产业等为例进行实证分析。结果表明，云南省生物医药产业链现代化处于中等水平、天然气产业链现代化处于中等偏下水平、高原特色现代农业产业链现代化处于中等偏下水平、绿色能源产业链现代化处于良好水平。在总结美国、日本、英国、德国等国家推进产业链现代化经验的基础上，本书分别从产业链价值、技术创新、供应融合以及空间集聚等方面提出对策建议。

鉴于作者水平有限，书中难免有疏漏之处，恳请专家学者和广大读者批评指正。

李瑞光

2023 年 6 月

目录 CONTENTS

第1章

PART 1

绪　论

1.1 问题的提出

1.1.1 研究背景

20 世纪中后期以来，经济全球化和科技进步的加速使世界各国产业发展与竞争呈现出许多不同于过去的特点。新一轮科技革命和产业变革加速推进，产业形态、核心要素和竞争范式正在发生深刻变化。在世界主要国家经济矛盾加剧、部分地区武装冲突升级、逆全球化思潮抬头的情况下，世界贸易合作环境日益复杂、形势日益严峻，围绕产业链主导权的竞争愈演愈烈。全球产业分工从产业间、产业内转向产品内和工序环节，全球价值链贸易成为世界主导性贸易和生产方式，每个国家只专注于全球价值链上的某一个或几个环节。此外，科学技术的飞速发展，淡化了不同产业之间的边界，颠覆了产业竞争的传统定义，技术范式的变化不仅速度更快、频率更高，而且掌握先进技术的潜在竞争者可以快速替代原先占据垄断性主导地位的厂商。产业链掌控力越发成为新时期新形势下国家之间竞争的焦点，贸易摩擦的实质在相当程度上就是对产业链，特别是对高价值制造业产业链控制权的争夺。贸易摩擦不仅改变了全球贸易体系，也改变了全球产业链和供应链格局。作为“世界工厂”，中国受到的冲击尤为明显。在美国加征关税的压力下，部分企业不仅将生产基地迁出中国，还带动供应链转移，进而影响中国就业水平，加大经济下行压力。这一切凸显出我国产业基础薄弱和产业链存在安全风险。

产业是国民经济发展的动力支撑，产业链供应链是国家经济循环顺畅的关键。党的十八大以来，习近平总书记高度重视发展实体经济，围绕产业链现代化作了一系列部署。2019 年 7 月 30 日，中共中央政治局会议首次提出提升产业基础能力和产业链水平。党的十九届四中全会再次强调此观点。同年召开的中央财经委员会第五次会议指出，要打好产业链现代化的攻坚战。2020 年以来，习近平总书记多次部署确保产业链供应链安全“六项保障”。党的十九届五中全会明确提出，要提高产业链供应链的现代化水平。党的二十大报告提出，着力提升产业链供应链韧性和安全水平。这些重大指示和重大部署将产业链现代化这一重大命题列为学术界与实践部门必须尽快解决的系列课题，深刻体现了经济高质量发展的内在规律，为加快推进产业链现代化提供了根本性依据。产业链现代化的提出，对推进国家社会主义现代化具有极其深远的战略意义。

近年来，云南省以生物医药和大健康产业等八大重点产业①为着力点，持续推进供给侧结构性改革，在经济发展总量上实现了新跨越，在经济发展速度方面实现了新突破。2022 年，完成地区生产总值 28954.2 亿元，经济发展总量全国排名由 2014 年的第 24 上升至 2022 年的第 18。第一支柱产业由烟草产业变为能源产业，电子信息产业实现从 0 到 1 的质变，生物医药等新兴产业展现出巨大潜力。但是，我们也不能忽视云南省产业链发展中不断出现的问题。云南省产业发展基础仍处于中低水平，工业基础能力的短板亟待加强，重点产业关键核心技术大多受制于人。从表面上看，八大重点产业和“三张牌”② 产品档次低、品牌建设滞后，本质问题是缺少核心技术和有竞争力的产品，相关产业链的关键环节存在“卡脖子”问题，对产业的控制能力有待提升。推进产业链现代化，是构筑云南比较新优势、提升其产业核心竞争力的必然选择。基于此，本书力图树立“突出价值链、重视技术链、强化供应链、优化空间链”的发展理念和指导思想，科学界定产业链现代化的内涵，厘清和深化产业链现代化的理论渊源及特性，分析云南省产业链现代化的基础条件和存在的问题，建立一套符合中国特色的产业链现代化评价指标体系，以期引起学术界、政府部门和企业的重视。

---

① 云南省八大重点产业包括生物医药和大健康、旅游文化、电子信息、现代物流、高原特色现代农业、新材料、先进装备制造、食品与消费品制造。

② 云南“三张牌”是指绿色能源牌、绿色食品牌、健康生活目的地牌。

1.1.2 研究目的

本书有以下三个研究目的：

一是系统挖掘产业链现代化的内涵、特征及理论依据，丰富对产业链现代化的整体认识。“产业链现代化”是新时代背景下我国提出的新名词，对产业链及现代化有关文献、表述和论断进行梳理与总结，深刻理解产业链现代化的内涵、特征、影响因素、理论依据等，有助于提升产业链现代化的理论水平。

二是以云南产业链现代化实践为线索，梳理云南产业链现代化的基础条件，分析其在发展中面临的现实挑战；构建产业链现代化评价指标体系，从价值高端化、技术创新化、供应融合化、空间集聚化等维度测度云南省重点产业的产业链现代化水平。

三是为当前我国产业链现代化推进提供现实借鉴。这也是本书最重要的研究目的，即结合云南产业链现代化发展现状，进行定量分析，借鉴国际产业链现代化先进经验，坚持问题导向，提出科学且有针对性的对策建议，助力云南产业链现代化。

1.1.3 必要性与现实意义

构建现代化经济体系需要创新引领的市场体系，体现效率公平的收入分配体系等，客观上需要提升产业链现代化水平。目前，链条经济、块状经济和抱团式经济发展不足是造成云南产业体系不优、产业层次较低等问题的重要原因。推进产业链现代化，就是不断加强上下游企业的关联，增强区域产业协同能力，提高产业链、供应链、创新链的紧密度，为构建现代化经济体系奠定坚实的基础。

1.1.3.1 推进产业链现代化是构建现代产业体系的现实需要

经过多年的快速发展，云南已形成以大中型企业为骨干，以烟草、电力、有色、化工、食药等产业为支柱，覆盖38个工业大门类的现代工业体系。但是，各产业链之间存在诸多“断点”“堵点”，新兴产业发展滞后，关键核心技术受制于人，产业增值能力不强。必须使用系统性方法推进产业链现代化，解决产业链结构性问题，实现产业链上、中、下游的有效衔接，推动实体经济与创新资源协同发展，加快构建现代产业体系。

1.1.3.2 推进产业链现代化是推动经济高质量发展的有效途径

云南制造业具有悠久的发展历史，经过多年的快速发展，已经形成以烟草等产业为代表的轻工业，以矿冶新材料、大型装备制造、化工等重工业为主体的基本格局。近年来，云南省委、省政府坚持“两型三化”① 的产业发展方向，不断推动制造业优化升级，工业经济发展取得了显著成效。2022 年，云南省实现全部工业增加值 7197.08 亿元，比上年增长 6%；制造业营业收入突破 1 万亿元，成为推动云南省经济发展的主力军。但整体来看，云南省制造业的发展质量和效益均有待提高，高端和高质量供给不足，自主创新能力不强，产业链数字化水平还有很大提升空间。必须把提升全产业链水平作为主攻方向，推进制造业质量变革、效率变革、动力变革，提高制造业供给体系质量，把实体经济特别是制造业做实做优做强，促进产业迈向价值链中高端。

1.1.3.3 推进产业链现代化是统筹产业发展与安全的重要举措

不管是实现经济高质量发展还是保障经济稳定和安全，都需要不断提升产业链现代化水平。近年来，新冠疫情对全球产业链供应链造成了深刻影响，其区域化和多元化发展趋势正在加剧，加上大国之间的经济政治格局呈现出复杂趋势，我国产业链在稳定性和安全性方面的风险日趋加大。与此同时，新一轮科技革命和产业变革正在加速重塑全球经济格局，全球产业链竞争日益激烈。加快产业链现代化建设，提升产业核心竞争力，维护产业链稳定安全，有助于推动云南经济的高质量发展。

---

① “两型三化”是指开放型、创新型和高端化、信息化、绿色化。

1.1.3.4 推进产业链现代化是构建“双循环”新发展格局的必然选择

当今世界正在发生深刻复杂的变化，我国依托较为全面的工业门类体系，在新一轮科技革命和产业变革中经济增长势头强劲。与此同时，我国经济社会发展面临全球市场萎缩、保护主义抬头等日趋严峻复杂的外部环境。基于此，习近平总书记提出构建“双循环”新发展格局。产业链是其核心要素。云南只有通过产业链现代化建立自主可控的产业体系，吸引各类优质要素，才能培育新兴产业，重塑经济竞争力。

1.2 国内外相关研究综述

1.2.1 产业链研究热点与演化脉络

产业链是产业经济学的重要概念之一。17 世纪中后期至 19 世纪末 20 世纪初，以亚当·斯密为代表的古典主流经济学家从微观层面分析劳动分工和专业化对提高企业劳动生产率的作用。以马歇尔为代表的新古典学派将劳动分工延伸至企业层面，强调企业进行分工协作的重要性，并开创了对产业链的研究。20 世纪中期，Hirschman（1958）从产业前向、后向延伸的角度解释了什么是产业链，开启了学术界对产业链及其理论的系统研究。20 世纪 80 年代出现的新产业组织理论对产业链进行了深入研究，揭示了产业链中企业实施纵向控制、扩大市场力量战略行为的深层含义。从企业能力理论视角来看，产业链整合可以构建企业的核心能力，并将不同能力的企业组织凝聚起来共同创造更多价值。Krugman（1995）详细阐述了企业在不同地理空间配置各种内部价值链的能力，开辟了价值链理论中价值链治理模式与产业空间转移关系的研究领域。越来越多的国外学者认为，价值链等同于产业链，其目的是获得更高的价值。虽然产业链的概念起源于国外，但国外学者通常使用“价值链”“供应链”“信息链”等术语，并且更关注微观层面企业的发展，而未将产业链作为一个独立的对象进行系统研究。

本书采用文献计量方法和知识图谱可视化技术，以 1990 年[①]以来我国产业链的研究文献为研究对象，依托 CiteSpace 软件进行统计与数据挖掘，通过对产业链研究前沿理论和热点的梳理与分析，揭示我国产业链领域的研究轨迹及发展特点，以便更好地了解我国产业链领域的研究动态。

1.2.1.1 研究方法和数据来源

（1）研究方法

文献计量学是用数学和统计学的方法，定量地分析一切知识载体的交叉科学，是集数学、统计学、文献学于一体，注重量化的综合性知识体系。美籍华裔学者陈超美研究开发的 CiteSpace 软件，可综合运用文献计量方法与知识图谱分析技术梳理相关研究领域的发展现状，预测研究领域发展趋势，挖掘研究前沿与热点问题。CiteSpace 软件可通过对关键词、作者等信息的抽取和分析，挖掘隐含信息并可视化信息之间的关联。本书利用 CiteSpace 软件，通过关键词共现分析和聚类分析，探讨 1990 年以来我国产业链领域的研究热点和前沿问题。

（2）数据收集和整理

综合考虑文献质量、文献数量和文献覆盖领域，本书以中国知网（CNKI）为主要文献数据来源，设置的检索条件为“篇名中含产业链”。考虑到北京大学《中文核心期刊要目总览》正式出版时间为 1992 年，故用全部期刊检索文献数据替代 1992 年之前的核心期刊数据。因此，本书的文献数据包括 1992 年以前的全部期刊文献（共 2 条记录）和 1992 年以后的“核心期刊+CSSCI 来源期刊+SCI（科学引文索引）来源期刊+EI（工程索引）来源期刊”文献两个部分，去重后共计 3071 篇。数据截止日期为 2021 年 5 月 28 日。

1.2.1.2 特征分析

（1）文献数量及被引特征分析

产业链年度文献发表数量及变化趋势可在一定程度上反映该领域受学者关注的程度及重要性。1990—2021 年产业链领域文献量见图 1.1。

① 中国知网检索显示，第一篇关于产业链的文献发表于 1990 年。

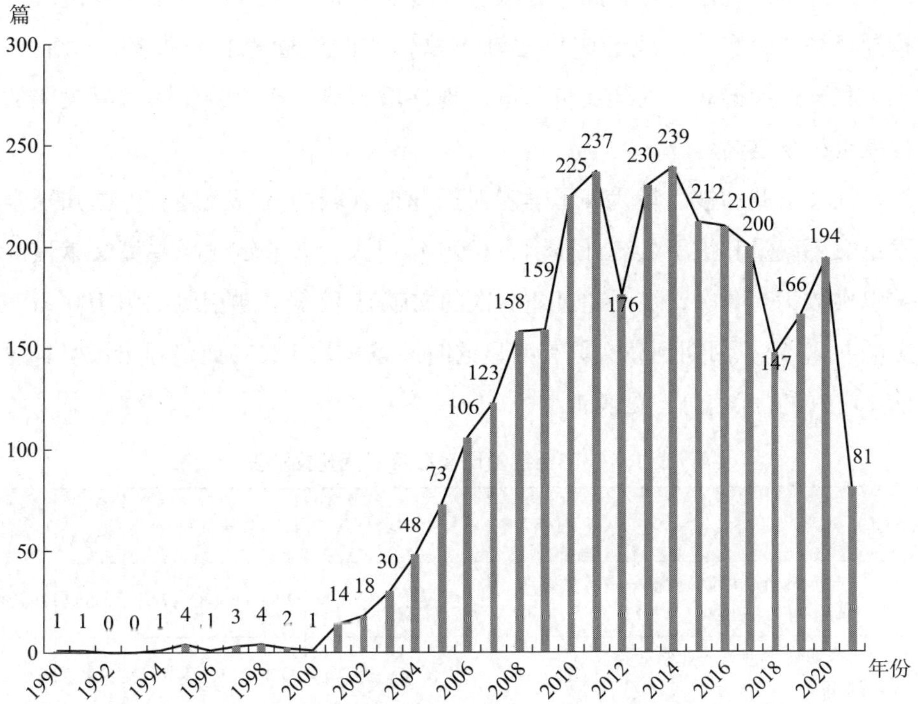

图 1.1　1990—2021 年产业链领域文献量

从图 1.1 中可以大体看出，我国产业链研究可分为三个阶段：第一阶段，萌芽期（1990—2000 年）。这一阶段，产业链相关研究较少，年均刊文量 1.6 篇，且文献主要提及“产业链”这一名词，不管是学术界还是企业界，都缺乏对产业链的学术界定和理论阐述，也没有在实践中应用。第二阶段，快速发展期（2001—2009 年）。这一阶段，我国学术界和企业界对产业链的研究迅速增加，2009 年的刊文量比 1990 年增长了 158 倍，各行各业不断认识到产业链在经济发展中的重要作用，开始运用产业链的概念，产业链研究的范围不断扩大，对产业链的探索逐渐向企业实体领域的生产实践中拓展。第三阶段，稳定发展期（2010 年以后）。2010 年以后，产业链领域的文献量呈现高位走势，除 2021 年以外，每年的刊文量均高于 140 篇，总刊文量达 2236 篇，占样本文献总量（3071 篇）的 72.81%。在学术界和企业界，产业链已成为具有普遍性的关注对象，学术界从不同角度对产业链理论进行了研究，各级政府和有关企业也开始运用产业链理论指导经济社会实践，理论成果逐渐丰富，实践经验也日益增加。由此可见，我国产业链研究的刊文量总体呈现递增态势，产业链受学术界关注的程度也越来越高。

刊文下载和被引量代表了学者对产业链领域的重视程度。中国知网学术论文下载量和被引量统计显示，1990 年以来，产业链领域单篇文献最高被引次数为 658 次，被引超过 200 次的文献有 17 篇，被引频次为 100~199 次的共 37 篇。因期刊载文具有明显的时间累积效应，在此仅列出被引量居前 10 位的文献信息，见表 1. 1。

表 1. 1　产业链领域高频词引用论文一览

序号	篇名	作者	刊名	发表时间	被引（次）	下载（次）
1	《产业链形成机制研究——“4+4+4”模型》	吴金明、邵昶	《中国工业经济》	2006 年 4 月 17 日	658	8642
2	《产业链类型与产业链效率基准》	郁义鸿	《中国工业经济》	2005 年 11 月 17 日	447	5232
3	《论产业链构建与城乡统筹发展》	龚勤林	《经济学家》	2004 年 6 月 28 日	438	2231
4	《产业链：内涵、特性及其表现形式》	刘贵富、赵英才	《财经理论与实践》	2006 年 5 月 25 日	314	3992
5	《大都市区新型产业分工与冲突管理——基于产业链分工的视角》	魏后凯	《中国工业经济》	2007 年 2 月 17 日	308	3826
6	《生态工业园中的生态产业链结构模型研究》	王兆华等	《中国软科学》	2003 年 10 月 28 日	308	3384
7	《农业产业链管理初探》	王凯、韩纪琴	《中国农村经济》	2002 年 5 月 25 日	289	2550
8	《“互联网+”背景下我国现代农业产业链及商业模式解构》	李国英	《农村经济》	2015 年 9 月 25 日	277	11419
9	《运转农产品产业链　提高农业系统效益》	傅国华	《中国农垦经济》	1996 年 11 月 10 日	277	1026
10	《产业链整合理论探讨》	郑大庆等	《科技进步与对策》	2011 年 1 月 25 日	250	495

注：根据相关资料整理。

（2）期刊和学科特征分析

在一定程度上，来源期刊分布情况可以为产业链研究成果的文献搜集提供方向。从期刊刊文数量来看，工业经济、农业经济、工商管理、国民经济等学科对产业链的研究较多。产业链研究成果主要学科、数量、占比情况见表1.2。

表1.2 产业链研究成果主要学科、数量、占比情况

序号	学科	数量（篇）	占比（%）
1	工业经济	788	22.31
2	农业经济	651	18.43
3	工商管理	301	8.52
4	国民经济	215	6.09
5	新闻传播	193	5.46
6	商业经济	193	5.46
7	数量经济	137	3.88
8	金融	109	3.09
9	理论经济学	109	3.09
10	通信经济	95	2.69
11	旅游经济	92	2.60
12	区域经济	92	2.60
13	文化	81	2.29
14	影视	71	2.01
15	教育	58	1.64
16	计算机	54	1.53

1990年至今，《商业经济研究》和《科技管理研究》在产业链研究领域的刊文量最大，这两种期刊分别以工商管理、科技管理为主题，《商业经济研究》刊文数量为106篇，《科技管理研究》刊文数量为56篇。其他刊文量较大的期刊有《科技进步与对策》《农业经济》《价格理论与实践》等，这些期刊均以农业经济、国民经济为主题。产业链研究主要期刊数量、占比情况见表1.3。

表 1.3 产业链研究主要期刊数量、占比情况

序号	期刊名称	数量（篇）	占比（%）
1	《商业经济研究》	106	12.31
2	《科技管理研究》	56	6.50
3	《科技进步与对策》	53	6.16
4	《农业经济》	46	5.34
5	《价格理论与实践》	36	4.18
6	《农村经济》	29	3.37
7	《生态经济》	28	3.25
8	《纺织导报》	28	3.25
9	《工业技术经济》	28	3.25

注：根据相关资料整理。

在刊文量最多的期刊中，仅《商业经济研究》《科技管理研究》《科技进步与对策》超过 50 篇。其中，《商业经济研究》为经济类中文核心期刊，复合影响因子为 1.399；《科技管理研究》为管理学学术中文核心期刊，复合影响因子为 0.955；《科技进步与对策》为管理学中文核心期刊，复合影响因子为 1.502。产业链研究成果绝大多数发表于经济学和管理学类期刊，说明产业链研究已在经济学、管理学等学科形成了具有较强影响力的观点。

1.2.1.3 机构特征分析

由代表性机构在产业链研究领域的发文量可以看出，有 17 家机构在该领域的发文数量超过 20 篇，该领域发表论文数量为 567 篇，占样本论文总量的 18.46%。中国农业大学、中国人民大学、西南交通大学的发文量最大，具有较高的中心度，发表产业链领域文献数量分别为 61 篇、54 篇和 52 篇。复旦大学、武汉大学、四川大学等机构的发文量也较大。这些机构在 CiteSpace 机构合作网络图谱中的字体和节点半径都较大，为产业链研究的代表性机构。我国产业链研究核心机构见表 1.4。

表 1.4 我国产业链研究核心机构

序号	机构	数量（篇）	序号	机构	数量（篇）
1	中国农业大学	61	6	四川大学	37
2	中国人民大学	54	7	南京农业大学	35
3	西南交通大学	52	8	华中农业大学	32
4	复旦大学	43	9	中南大学	29
5	武汉大学	38	10	北京大学	29

注：根据相关资料整理。

1.2.1.4 作者特征分析

普赖斯理论表明，核心作者群是衡量某研究领域学科发展的重要指标（公式：$M=0.749\sqrt{N_{\max}}$，其中，M 为核心作者的发文数量，$N_{\max}$ 为发文量最多作者的发文数量）。经计算，产业链领域 M 值为 3.75，由此可以确定，发表 4 篇及以上的作者为产业链领域的高产作者。统计结果显示，高产作者累计发文数量为 781 篇，占总发文数的 25.43%，低于普赖斯定律“核心作者发文总量应为刊文总量的 50%”的标准，反映出我国产业链研究领域相对分散。部分核心作者发文数量见表 1.5。

表 1.5 部分核心作者发文数量

作者	数量（篇）	作者	数量（篇）
王娟娟	25	王秀林	22
单彤文	23	姚瑜	22
闫冰倩	23	侯建国	22
马郑玮	23	高长春	22
李伦	22	宋鹏飞	22
张丹	22	冯异立	22
李又武	22	琚心然	22

注：根据相关资料整理。

组建科研团队进行联合研究是当前科学研究的趋势，产业链研究领域应加强协同合作，开展深层次的创新性研究。CiteSpace 软件结果显示，1990 年以来，产业链研究领域网络节点有 2396 个，表明产业链研究领域刊文作者以合作名义发表的较多。作者网络互连线 2318 条，表明当前已形成一支较为稳定的研究团队。

1.2.1.5 研究热点的演进历程

关键词是文献内容的核心概括，是论文提取及规范化处理的结果。关键词介数中心性值表征产业链研究领域不同阶段的热点转化以及变异关系。

产业链研究时区视图可视化分析可以展示产业链研究的思维线索。在动态时区视图中，第一个被引用的时间是关键词识别的位置，在不同的时间段设置相应的节点参数，可以让关键词动态呈现产业链研究随时间的演化过程。某一时区关键词的密集程度和该时间段的研究繁荣与否有关。细观产业链研究关键词时区知识图谱（见图 1.2）可知，2000—2003 年，关于产业链研究的主题较多，内容较为丰富，包含生态产业链、全球产业链、产业链发展、农业产业链等诸多方面。

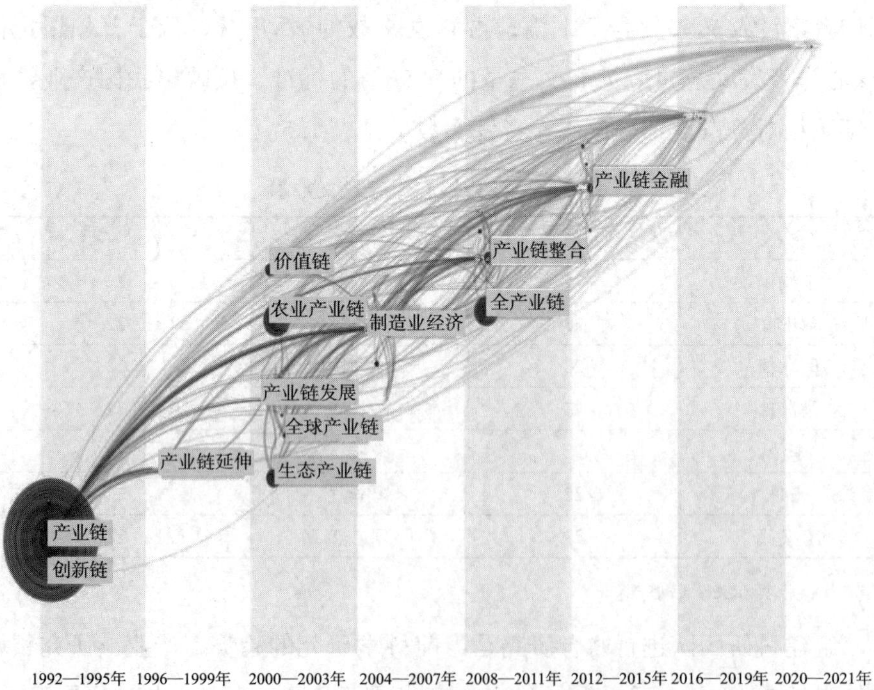

图 1.2 产业链研究关键词时区知识图谱

产业链研究突现词分析表示各年份研究前沿的变化。2004 年开始的“循环经济”的突现强度[①]为 6.28，2012 年“全产业链”的突现强度为 9.19，2016 年开始的“产业链现代化”的突现强度为 4.12。可以看出，国内产业链研究一直紧跟国情和政策动向，聚焦热点，与时俱进，在此过程中也推动了产业链研究的不断发展。产业链研究突现词分析见图 1.3。

关键词	突现强度	开始年份	结束年份
产业化	4.86	1992	2007
循环经济	6.28	2004	2015
出版产业链	5.5	2004	2011
文化产业链	4.05	2004	2015
产业集群	3.92	2004	2011
物联网	3.86	2008	2015
盈利模式	3.47	2008	2011
全产业链	9.19	2012	2019
生态产业链	4.08	2012	2015
产业链现代化	4.12	2016	2021
“互联网+”	3.94	2016	2019
IP	3.81	2016	2019
全球价值链	3.73	2016	2021
创新链	3.61	2016	2021
移动互联网	3.52	2016	2019

图 1.3 产业链研究突现词分析（1992—2021 年）

（1）萌芽期（1990—2000 年）：研究内容单一

本阶段，学术界开始提及“产业链”这一名词，但文献数量较少，研究的深度不够，没有对产业链进行较为明确的理论阐述，也没有对产业链进行系统的理论研究和实践应用。CNKI 检索显示，凌大琦（1990）针对山西化学工业存在的重、散、旧问题，提出发展产业链群体的建议。江进富等（1992）对中洲林场进行调查和论证后，提出中洲农场应立足资源优势，嫁接生态产业链。

（2）快速发展期（2001—2009 年）：研究范围扩大

2001—2009 年，我国产业链领域的有关研究呈现快速增长态势，持续

① 突现强度表示某一个主题词、关键词衰落或者兴起的情况。

时间长达近十年。随着产业链概念的普及，学术界和企业界逐渐意识到产业链对经济发展的重要作用，开始使用产业链的概念。产业链研究的范围不断扩大，部分企业也开始在实践中进行探索。此阶段学者对产业链研究的关注点分布在不同方面，分别对产业链延伸、产业链整合、产业链管理等问题进行了探讨，产业链研究高频词有“循环经济”“农业产业链”“生态产业链”等。2005 年“循环经济”介数中心性①值为 0. 12，2002 年“农业产业链”介数中心性值为 0. 11，表明此阶段循环经济和农业产业链是该领域的研究热点。

本阶段被引论文前 20 篇的研究主题较为分散，其中有 4 篇涉及产业链类型及概念界定。吴金明等（2006）提出，在四个维度链条关系相互平衡过程中形成了产业链，并将产业链模式归纳为市场交易式、纵向一体化、准市场式和混合式产业链，构建了“4+4+4”模型，用以描述产业链的形成机制。郁义鸿（2005）在产品特性和技术条件的基础上，划分不同产业链类型，同时建立了基于产业链整体效率的产业链效率评价基准。刘贵富等（2006）对产业链类型的划分则基于实用角度和形成过程，并指出产业链的动态和静态特性。魏后凯（2007）利用产业链分工理论解释了大都市区新兴产业分工与冲突管理问题，提出推进形成一体化的新兴产业分工体系是解决上述问题的有效途径。王凯（2004）对比了农业产业链管理与农业产业化经营的区别和联系，提出从加强价值链管理、组织链管理、信息链管理、物流链管理等方面提高农业产业链管理水平。尹琦等（2002）在麻产品生态产业链的设计与开发中应用了生态产业链的概念。

（3）稳定发展期（2010 年至今）：研究领域多元化

2010 年以来，学术界和企业界越来越关注产业链。学术界从不同的角度对产业链理论进行了研究，政府和企业也用产业链理论指导经济社会实践活动，取得了一系列理论成果和实践经验。本书使用 CiteSpace 软件对 2010—2021 年产业链相关文献中关键词的共现情况进行分析，通过寻径网

① 介数中心性是指一个节点担任其他两个节点之间最短路的桥梁的次数。一个节点充当“中介”的次数越多，它的介数中心性值就越大。

络算法和修剪切片网对本阶段文献进行关键词共现分析。本阶段的研究主题和方向呈现多元化，既包括农业产业链、生态产业链、产业链延伸等传统问题，也涌现出了文化产业链、产业链现代化等新兴研究领域。

研究热点是指某一时间段多数研究者重点关注的研究方向，长时段跟踪和分析某领域的研究热点，可凝练该领域的研究脉络及学术走向。通过产业链研究关键词突现分析，本阶段产业链新兴研究可以概括为以下四个主题：

一是基于产业链运行机理以及演变规律等的理论研究。这类研究重点关注产业链的内涵、类型、特征等基础理论，理论研究侧重产业链的形成、稳定性及构建等方面。可以看出，现阶段对产业链的研究已经由具体的实践层面上升到理论研究的层面，产业链理论对现实层面的指导意义得以加强。许益亮等（2013）指出，农产品全产业链的纵向一体化和紧密型多元化经营的有效协同是产业链运作模式的重点，关键在于有效整合技术主导型和资源驱动型全产业链治理模式。周颖等（2012）概括了循环农业产业链的三种网络形式及特征，提出农业产业链内源动力机制的核心是价格与竞争，而外源动力机制则以技术创新和制度设计等为重点。张庆彩等（2013）剖析了新能源汽车产业的协同发展路径。

二是基于具体产业领域的产业链研究。这类研究更加注重产业链的实践意义，研究重点集中在产业链运作机制和组织发展模式等方面，目的是促进旅游产业、农业等某一具体产业发展。郝淑丽（2016）分析了废旧纺织服装回收产业链逆向组织运行模式和社会网络两种组织运行模式的运行机理与特点。赵小芸（2010）阐述了旅游产业的特殊性和基本形态。成德宁（2012）对比分析了我国农业产业链整合的不同模式，提出农业产业链整合可以选择农民合作组织型整合模式。此外，有学者就禽蛋产业链、移动通信产业链、旅游产业链、数字出版产业链等有关问题开展了深入研究和探讨。

三是基于协同、融合发展的产业链研究。这类研究侧重于学科领域交叉，考虑“互联网+”、创新链、资金链等与产业链的融合、协同发展，研讨对产业升级的效应。魏晓蓓等（2018）在“互联网+”背景下分析了农业产业链升级“智慧农业+主导企业”“农村电商+农户聚集化”两种不同模式。胡乐明（2020）阐述了产业链与创新链融合对供给侧结构性改革的重要现实意义，提出加快完成产业链与创新链整体构建的基本思路。匡茂华等（2020）提出实现创新链与产业链融合的产品生产、文化、管理、组织四大融合路径。袁继新等（2016）基于企业样本数据，分析智慧健康的产业链、创新链、资金链基本情况，指出有关产业薄弱环节及研发重点领域。

四是基于空间分布的区域产业链研究。此类研究主要基于空间经济学和区域经济学，研究产业链的空间布局特征，探讨区域产业链的完整性，产业链对区域经济增长的影响，产业链发展对区域经济发展的促进作用等。程李梅等（2013）归纳了产业空间演化的五种基本模式，总结了中西部地区承接产业转移过程中的“企业转移陷阱”现象，提出根据产业链空间演化规律破解陷阱的路径。孙泽生等（2020）基于企业数据，分析了我国钢铁产业链的空间布局格局及演化特点。

1.2.2 产业链现代化的研究动态

“产业链现代化”概念首次出现在 2019 年 8 月的中央财经委员会第五次会议上。在国外相关研究中，产业链升级可以理解为与产业链现代化近似的概念。Gereffi（1999）认为，产业链升级就是产业链上各个环节在组织学习机制和组织环节的基础上，通过提高生产率等，实现拓宽产业链条、提升产业价值以及增加产业资产的预定目标。Humphrey 和 Schmitz（2000）提出，工艺升级、产品升级、功能升级以及跨产业升级等构成了产业链升级，不同层次对应产业链的不同位置。Hubert（2007）认为，产业链升级有诸多动因，其中知识创新是重要方面。

目前，学术界对产业链现代化的研究尚处于起步阶段，主要集中在产业链现代化概念界定、与产业基础能力关系、推进产业链现代化对策建议等方面。李燕（2019）认为，产业链现代化的内涵可以从技术能力、适应能力、控制能力、盈利能力、可持续性以及要素支撑等多个维度来理解，产业基础高级化是产业链现代化的前提和必要条件。中国宏观经济研究院产业经济与技术经济研究所副主任盛朝迅（2019）认为，产业基础能力是产业发展的根本支撑条件和动力之源，直接决定了产业链水平的高低。产业链现代化包括产业基础能力提升、运行模式优化、产业链控制力增强和治理能力提升等。南京大学长江产业经济研究院教授刘志彪（2019）对产业链现代化进行了经济学分析，认为推进产业链现代化就是推动基础产业进步，加强企业之间的技术经济联系，提高产业链与创新链、资金链、人才链的紧密度，构建现代产业体系。上海科学院研究员李万（2020）提出，要实现产业链现代化就必须提升产业基础能力，产业基础能力的国际比较优势是产业链现代化水平的核心标志。中国社会科学院工业经济研究所研究员罗仲伟等（2020）认为，产业链现代化是产业现代化内涵的延伸和细化，其本质是通过科技和产业组织创新改造提升产业链，使产业链具有高端衔接能力、自主可控并领先于全球市场的竞争力水平。肖荣美等（2020）认为，产业链现代化是个相对的概念，实现产业链现代化就意味着产业基础能力提升、产业链控制力增强等。

产业链现代化是我国特殊语境下的崭新命题，学术界至今尚未形成明确的界定。现阶段对产业链现代化内涵的研究视角分为两类：一是静态视角，即将产业链现代化作为一种状态或结果，提出产业链现代化是产业链水平的现代化，是产业现代化内涵的延伸、细化，其实质是改造提升产业链的衔接能力、控制能力和竞争水平，使产业整体发展达到世界领先水平；二是动态视角，认为产业链现代化是产业链从初级阶段向高级阶段转变的过程，隐含着产业基础能力提升、运行模式优化等不同层次的过程。郑江淮等（2021）以江苏为例探讨产业链现代化指标体系，但尚未涉足产业链的本质属性，指标体系的理论基础和操作性有待商榷，而实务界对产业链现代化的评价更是严重不足。

1.2.3 国内外相关研究述评

近年来，国内外学者对产业链现代化的研究已经有了一定基础，为进一步研究提供了广阔的空间。然而，学术界关于产业链现代化的研究存在“不协调不充分不平衡”的问题。一是研究视角不协调。已有研究成果侧重于对全国层面产业链现代化的基础条件进行具体分析，而对具体省份或产业的针对性研究不足。二是研究内容不充分。已有研究成果侧重于对产业链现代化基础能力的一般性探讨，而对产业链现代化理论基础的挖掘不够深入，对产业链现代化的整体性研究相对不足。三是研究方法不平衡。已有研究成果侧重于运用定性的研究方法对产业链现代化进行分析，在定量研究方面有待加强。

1.3 研究内容、研究方法和技术路线

1.3.1 研究内容

基于研究目的，本书具体内容安排如下：

第 1 章，绪论。介绍云南产业链现代化研究的背景、目的和意义，全面梳理国内外产业链相关研究的演化脉络及动态。

第 2 章，产业链现代化的理论分析。阐述产业链现代化的相关概念及特性，从产业链和现代化两个维度梳理理论内容，并界定产业链现代化的内涵。

第 3 章，云南产业链现代化的现实基础。在阐述云南产业发展面临的机遇及产业体系构建成效的基础上，从工业制造、创新突破等角度总结分析云南产业链现代化的基础条件，立足产业链现代化的四大特性，分析云南产业链现代化面临的困境。

第 4 章，云南产业链现代化的测度。基于对产业链现代化概念的界定，从价值高端化、技术创新化、供应融合化、空间集聚化四个层面，构建产业链现代化评价指标体系，并以云南省生物医药产业等重点产业为例，对云南省产业链现代化水平进行测度。

第 5 章，产业链现代化国际经验借鉴。分析美国、日本、英国和德国等国家提升产业链现代化水平的经验和方法，总结可供云南推进产业链现

代化借鉴的措施。

第6章，推进云南产业链现代化的对策建议。坚持问题导向，借鉴国际经验，提出科学的、具有操作性的对策建议。

第7章，研究结论和未来展望。总结全书研究成果，提出需要进一步研究的方向。

1.3.2 研究方法

1.3.2.1 文献研究法

文献研究法是指在搜集和整理相关领域研究文献的基础上，对文献进行研究之后形成新的认识的一种研究方法。本书全面检索国内外关于产业链现代化的相关文献和理论，采用文献研究法进行分析和归纳，以实现提升产业链现代化水平的研究目的。

1.3.2.2 案例研究法

本书研究云南产业链现代化的有关问题，但该领域涉及诸多细分产业，以课题篇幅和笔者有限的研究能力难以做到面面俱到，因此，主要以生物医药产业为例展开研究，期望能对云南产业链现代化有一定的参考价值。

1.3.2.3 定量研究法

本书从价值高端化、技术创新化、供应融合化和空间集聚化等维度，运用灰色系统分析方法等定量研究云南产业链现代化水平。

1.3.3 技术路线

本书围绕云南产业链现代化问题，在国内外文献综述的基础上，剖析产业链现代化的内涵和特性，探究产业链现代化的影响因素并进行定量研究，进而提出助推云南产业链现代化的对策。本书的技术路线见图1.5。

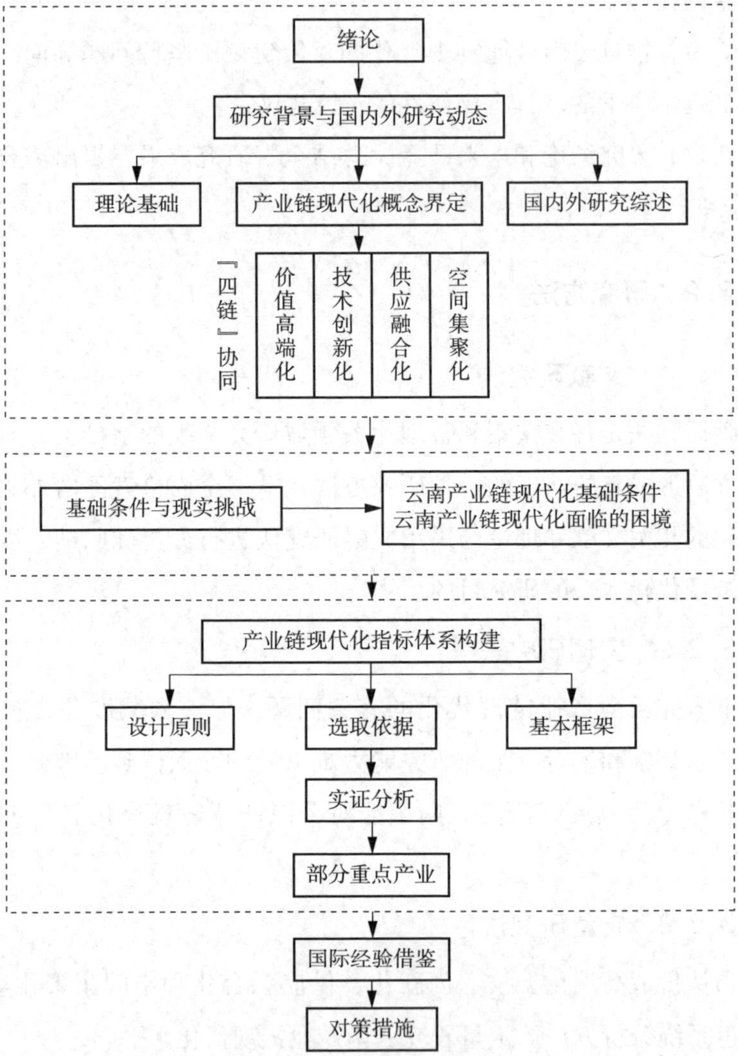

图1.5 技术路线

1.4 主要创新

1.4.1 研究视角创新

目前，有关产业链现代化的研究文献主要是对全国总体情况的阐述，针对具体省份或产业的研究则不多见。本书以云南产业链现代化为研究对象，深入剖析产业链现代化的影响因素，在研究视角上有所创新。

1.4.2 研究内容创新

本书通过研究分析产业链、产业链升级与产业链现代化的逻辑互通之处，挖掘产业链现代化的理论基础，加强产业链现代化研究的整体性，在研究内容上有所创新。

1.4.3 研究方法创新

已有的产业链现代化相关研究成果侧重于定性分析，本书在参考前人研究成果的基础上，设计产业链现代化评价指标体系，基于灰色系统定量分析等，研究产业链现代化的有关特征，在研究方法上有所创新。

第 2 章

PART 2

产业链现代化的理论分析

2.1　相关理论基础

2.1.1　产业链研究理论体系

产业链基础理论研究属于产业经济学的研究范畴，也属于技术经济学的研究范畴，其产生和发展与产业关联、供应链、价值链、产业集群等理论有着密切的关系。对产业链以及产业链构建涉及的相关理论进行梳理和概括，可为本书研究奠定理论基础。

2.1.1.1　产业关联

产业关联研究产业之间的经济技术关系。对产业展开研究，一方面要从质的角度揭示产业间的技术经济动态联系、联系方式及发展变化规律和影响因素，另一方面要从量的角度对这种技术经济联系进行考察。产业运行过程中的各种投入品和产出品是各产业之间的纽带。各种投入品包括有形产品和无形产品，技术经济的联系既可用实物量表示，也可用价值量表示。一般地，实物形态较为复杂，难以保证计量的准确性，因而在产业关联分析的实际应用中，多以价值形态来反映产业间的关联关系。产业关联理论的核心是各产业之间有着广泛、密切且复杂的经济技术联系。在经济活动过程中，每一个产业在将自身的产出作为产品提供给其他产业，满足其他产业消费需求的同时，也需要从其他产业获取各类生产要素来满足生产需要。基于这种相互之间的供给和需求关系，各产业才能生存和不断发展。若某产业不能从其他产业获取生产要素，同时，其生产的产品不能满足其他产业的需求，这个产业就是没有生命力的。因此，供需关系常被看作产业关联理论的实质。从不同的角度，产业关联有多种分类方法。以产业再生产过程中的产品需求为纽带进行分类，产业关联可分为前向关联和后向关联、直接关联和间接关联、单向关联和多向关联；以产业再生产过程中的要素需求为纽带进行分类，产业关联可分为原料关联、生产技术关联、投资关联、劳动力关联等；以产业再生产过程中的产品市场为纽带进行分类，产业关联可分为产品关联和价格关联。在具体分析中，列昂惕夫提出的投入产出分析方法是一种被广泛采用的科学方法。经过彼得·卡尔门巴克、萨谬尔森、索洛、钱纳里等学者的进一步理论探讨和实证研究，产业关联的投入产出分析以及新的产业关联传递路径不断被扩充，产业关联理论研究呈现出动态化、最优化和应用多元化的特征，范围涵盖社会经济活动中宏观、中观、微观领域密切的、复杂的技术经济联系。因此，要深入研究产业链的内涵、特征、功能及整合效应，产业关联理论的支撑作用非常重要。

2.1.1.2 价值链

1985 年，迈克尔·波特在《竞争优势》一书中首次提出价值链的概念，认为价值链是从价值形成的角度，企业从建立到投产经营的过程中经历的一系列环节，各环节既有投入，又有价值的增加，这一系列环节就连接成一条活动成本链。波特将价值链定义为“价值链是将原材料转换成一系列最终产品并不断实现价值增值的过程，这一过程包含许多为产品增加价值的基本活动和支持活动”。近年来，国内外学者对波特的价值链理论进行研究和发展，彼得·海恩斯从价值实现的最终目标出发，将价值链定义为“集成物料价值的运输线”，认为生产过程的终点要以产品到达顾客手中为标志，于是他将顾客纳入价值链的分析体系之中。我国学者吴海平（2003）认为，企业的整合与分解是价值链理论的精髓，应通过流程优化实现整个价值链的增值。不少管理学家认为，价值链管理是供应链上的企业经营的第三利润来源。价值链主要描述供应商、生产商和中间商、顾客及其内部活动链条间的相互影响及依存关系，用于识别每一个经营环节创造的价值大小。因此，在价值链系统中，各经济活动单元之间通过协作来共同创造价值，价值的定义也由传统产品本身的物质转换扩展为产品与服务之间的动态转换。注重价值增值过程中关键环节的作用是价值链理论的核心战略思想，实际上企业价值的增加并不是来源于每一个环节，而是来源于某些使企业具有竞争优势的战略环节。可见，价值链和产业链有本质上的联系，价值链实际上阐述了产业链中的价值增值过程，表达了不同要素间的联系。因此，产业链的相关研究离不开价值链理论的研究和发展。产业链作用的发挥以价值创造和价值增值为前提条件，要培育和延伸产业链，提高产业链的整体竞争力，价值链理论可以提供指导。

2.1.1.3　产业集群

产业集群最初由韦伯（1909）提出，他将区位因素划分为集群因素和区域因素，并基于集群因素带来的一般经济性开支成本降低揭示集群产生的原因。迈克尔·波特（1985）从组织变革、价值链等角度出发，将产业集群理论推向新的阶段，认为产业集群是介于企业和市场之间的网络式经济组织模式，通常在以一个主导产业为主的特定区域，大量联系密切的产业中的企业和相关组织机构在空间上聚集，形成持续的、强劲的竞争优势。克鲁格曼（1991）进一步指出，产业集群内部拥有丰富的知识资源，有利于企业进行学习并促进创新研究。国内学者王缉慈（2005）认为，产业集群是以价值链为基础、以某一个或几个相关产业为核心的地方生产系统。李君华（2004）认为，作为一个复杂的演化系统，产业集群的产生依赖本地专业型的知识体系。芮明杰（2018）认为，产业链的不断迂回是现代产业的突出特征，当这些迂回发生在同一空间，并且产生正的外部经济性时，就形成了具有产业集群特征的空间集聚形式。产业集群理论强调若干产业部门在某一区域空间的集聚，认为产业集群追求规模经济和范围经济的目的是为集群内成员带来正外部效应。很多学者也强调了产业集群与产业链之间的关系。产业链中有不同的产业和企业。产业链中的企业围绕用户需要进行交易活动，形成上下游关系，实现价值的不断增值；而产业集群内部企业之间的关系恰恰可以通过产业链来表达。因此，产业链理论和产业集群理论密切相关，只有借鉴产业集群理论进行产业链的相关研究，才能更加深入和具体，更好地带动企业发展。

2.1.1.4 其他

与产业链相关的概念还有供应链、产品链、技术链、知识链等。通常，供应链是指由原材料的供应、制造、分销、零售等环节的主体成员，通过连接、合作而形成的网状或链状结构。一条供应链能否成功运作，取决于链条上的企业是否以供应链整体利润最大化为经营决策基础。供应链理论从微观层面对企业间的关联关系进行考察。在经济全球化背景下，企业要想在激烈的市场竞争中获得优势，就必须结合自身特点和环境，将非核心的业务外包出去，集中精力于核心业务的经营和管理，稳定的供应链依赖“竞争—合作—协调”机制，突出合作与竞争结合的思想。研究产业链，归根结底是研究产业内部企业之间的联系。产业链与供应链之间有着必然的联系，要对产业链的内涵、分类、形成机制、演化和构建整合进行研究，必须借鉴供应链理论。

产品链是传统产业链的产品形式：产品的投入产出联系是传统产业链上下游之间的联系，下游企业的投入来自上游企业的产品提供。传统产品链重视有形产品的联系，产业链的整合、风险控制都是通过一体化或者联盟等直接影响产业链内部各环节的产品供求来完成的。

技术链理论研究的兴起源于市场竞争的白热化。企业乃至产业生存能力更多依赖创新和技术。国内外学者对技术链的研究日渐丰富，并提出了技术平台、技术系统等概念，充分体现了技术的链式思想。技术链是指某项技术从简单到复杂的发展过程中涉及的技术研发、生产、使用的整个过程。在企业内部，技术链体现为部门之间在平行技术上的交流；在企业之间，技术链体现为上下游企业、国内外企业之间的纵向或横向交流。技术链理论的发展与产业链能力的发挥、产业链核心竞争力的形成密切相关，这也是产业链构建整合的重要内容。

知识链是传统产业链的知识形式，也是产业链研究的一个重要方面。从微观角度看，知识链是企业为了知识的创造、创新、共享而开展的促进企业内部知识流动的管理活动形成的链式结构，企业通过对内外知识的选择、吸收、消化和创新，形成自我知识体系的良性循环。从中观角度看，随着产业链的形成，产业链上的企业之间会发生知识的流动，产生知识链。其中，知识既包括存在于文件、计算机程序等之中的显性知识，也包括隐性知识。知识链体现了产业链的知识分工。在知识经济背景下，产业链的知识分工主要基于技术、技能的专业化分工，产业链上的企业力图整合吸收外界的知识，并将其内部化，从而形成自身核心竞争力。1937 年，科斯在其著名的《企业的性质》一文中，分析了企业存在和扩张的根本原因，提出“交易费用”这一概念，从而创立了交易费用理论。交易费用理论对经济学与管理学研究产生了深远的影响。作为一种分析工具，它适用于所有涉及契约安排的研究领域。产业链以契约关系为纽带，属于交易费用理论研究的范围。交易费用理论对产业链形成机理的解释表现在以下两个方面：第一，交易费用理论认为，在组织制度谱系中，市场与企业位于两极，中间存在一系列市场与组织混合的准市场组织，产业链是这种准市场组织中的一种。因此，产业链能够降低交易成本。产业链降低交易成本主要是通过稳固的伙伴关系、降低签约成本、降低履约风险、降低因有限理性而产生的种种交易费用实现的。交易费用的降低是产业链存在的前提条件。第二，产业链的不同形式是交易费用影响的结果。不同形式的产业链实质上就是不同的契约安排。

2.1.2　现代化相关理论

产业链现代化研究脱离不了西方现代化理论，它着眼于现代经济社会发展问题，总结工业社会以来文明演进的历程，反映人类共同精神财富的普遍原则和思想理论成果。在过去的几十年里，世界现代化研究出现了三次高潮，涌现出一系列理论，见表 2.1。

表 2.1　现代化相关理论

序号	学派	主要观点
1	结构学派	重视现代性与传统性的转化结果
2	过程学派	关注现代化的过程而非结果
3	行为学派	侧重个体心理与行为转变

续表

序号	学派	主要观点
4	实证学派	探究现代化的最佳战略
5	综合学派	强调从整体上研究现代化
6	未来学派	侧重发达国家未来发展趋势

2.1.2.1 结构学派

结构学派提出结构-功能主义现代化理论，认为传统社会转变为现代社会的过程就是现代化的过程，重点研究传统社会的传统性与现代社会的现代性的比较和转化。现代社会与传统社会的根本区别在于结构分化程度、功能专业化程度以及社会融合程度。相对于转化过程，结构学派更关注从传统社会到现代社会的转化结果，并通过经济社会等视域区分和解释不同的社会、政治、文化与知识。结构学派的代表人物包括帕森斯、列维和摩尔。

在《社会行动》和《现代社会体系》两本书中，帕森斯（1937）采用二元分类法划分传统社会和现代社会，把社会发展的过程分为两个阶段：一是社会结构的进步性分化，二是在社会功能方面实现了专门化。这两个阶段的分化程度与成熟程度代表着整个社会的发展水平。现代与传统两种社会形态由政治、经济等特征构成。在传统社会向现代社会转变的过程中，会产生社会结构和社会功能的若干根本性变化。在政治领域，民主制度将逐渐替代简单自然的村权和封建专制制度，包括选举制度、政党制度和官僚制度。宗教统治逐步被信仰自由取代。社会变迁包括结构分化与分层、功能专业化与职业化、社会流动、家庭变迁等。现代化水平越高的社会，分化程度、官僚化程度和整合程度越高。传统社会的传统性与现代社会的现代性见表2.2。

表2.2 传统社会的传统性与现代社会的现代性

领域	传统社会的传统性	现代社会的现代性
经济	小农经济、自给自足、分散性	工业化、专业化、规模化、集中
社会	乡村的、家族的、宗教的、稳定性	城市化、福利化、分化与整合

续表

领域	传统社会的传统性	现代社会的现代性
政治	专制的、封建的、宗教的	民主化、法治化、科层化
文化	宗教的、迷信的、宿命论、自然的	世俗化、理性化、现代主义
个人	保守的、被动的、依赖的、情感的	开放性、参与性、独立性

1966 年，列维在《现代化与社会结构》一书中将现代社会与非现代社会的结构特点和差异概括为以下六点：①现代社会各类组织的专业化程度比非现代化社会组织的专业化程度高。②社会组成单元相互依存，功能方面总体处于非自给状态。③非现代社会家庭与亲属的社会关系较为密切，伦理具有个体性，而现代社会的伦理具有普遍性。④集权制是现代社会的国家权力形式，而非现代社会的国家权力为专制。⑤非现代社会传统、个体、无限和情感的社会关系，在现代社会表现为理性主义、普遍主义、有限功能和情感中立。⑥现代社会交流便捷、市场发达，有高度发达的官僚组织，家庭朝小型化的方向发展，其功能也在不断弱化。现代化是从传统社会向经济繁荣、政治稳定的社会的整体过渡。摩尔（2012）认为，工业化是实现现代化最原始的动力因素。现代社会的主要特点有三个：①技术水平高，行业专家训练有素。②在工业化初期，人类社会经历了死亡率下降带来的人口爆炸式增长，随着社会的不断发展，人口规模得到控制，人口结构呈现低出生率低死亡率的老龄化特征，价值观则逐步从亲属优先向业绩优先转变。③在制度方面，建立了可以调动土地和资本发展经济的可转让的所有制，使劳动力可以自由流动的市场制度和促进流通的商品交换制度；在组织方面，建立了专业的、金字塔式的官僚组织和适当的国家金融组织；在个人动机方面，培养创造性的人格、对教育的渴望和对活动的热情。社会的工业化程度受到以上因素的共同影响。

2.1.2.2　过程学派

过程学派的现代化理论更重视现代化的过程。从农业社会向工业社会转变的一系列发展变化都是过程学派关注的。过程学派重点研究现代化的发展阶段与特点，以及有关规律。罗斯托、帕森斯是过程学派现代化理论的重要代表人物。

1960年，罗斯托发表了现代化经典理论著作《经济成长阶段：非共产党宣言》。该书指出，可根据经济指标把所有社会的发展分成五个阶段，即传统社会阶段、为起飞创造前提的阶段、起飞阶段、成熟阶段和高额的大众消费阶段。1975年，他又增加了一个阶段，即追求生活质量阶段。他认为，在为起飞创造前提的阶段，农业生产率迅速提高，从而会更有效地建立社会基础结构，新精神在社会中发展，会出现一个新的企业家阶级；起飞阶段是关键，需要经过较长时间排除经济发展的障碍，才能实现工业化，并建立工业部门；技术从工业部门传播出去，经济与社会便会走向成熟，然后向消费社会过渡。显然，罗斯托的现代化是一种连续发展模式，他强调经济发展与工业化的作用，同时注意到了精神的作用，延续了韦伯的思想。

1979年，布莱克在《比较现代化》一书中将现代化进程划分为准备期、转型期、高级现代化和国际一体化四个阶段。亨廷顿等（1993）将现代化总结为九大过程（见表2.3）。按其理论，现代化是系统性、全球性、长期性、阶段性、同质化、不可逆转以及进步的过程。

表2.3 现代化的过程及基本特征

过程	基本特征
革命的过程	从传统社会向现代社会的转变，只能与人类起源的文化和从原始社会向文明社会的变化相比
复杂的过程	包含人类思想和行为等的一切变化
系统的过程	一个因素的变化将影响其他因素的变化
全球的过程	现代化起源于欧洲，但现在已经成为全世界的现象
长期的过程	现代化涉及的整个变化，需要时间来解决
有阶段的过程	一切社会的现代化过程，都能区别出不同水平或阶段
趋同的过程	传统社会有很多不同的类型，现代社会却基本相似

续表

过程	基本特征
不可逆的过程	虽然在某些方面可能出现暂时性的挫折和偶然的倒退，但在整体上现代化是一个长期的趋势
进步的过程	在转变时期，现代化的代价是巨大的；从长远来看，现代化增强了人类在文化和物质方面的幸福感

资料来源：塞缪尔·P. 亨廷顿 . 现代化：理论与历史经验的再探讨［M］. 张景明，译 . 上海：上海译文出版社，1993.

2. 1. 2. 3　行为学派

行为学派认为，社会个体心理和个体行为的变化影响着现代化进程。人们要适应现代化的若干变化，就必须在价值观、心理素质和行为特征等方面实现从传统到现代的转变，否则现代化就无法实现。这个派系的代表是英克尔斯和麦克莱兰。

英格尔斯（1966）认为，在任何社会和任何时代，人都是现代化进程中最基本的因素。只有国民在心理与行为上都发生了转变，形成了现代的人格，即现代的政治、经济、科技、教育与文化机构中的工作人员都具有人格的现代性，这个社会才能成为现代社会。他归纳出现代人的 9 个心理特征：①有接受经验的能力，对革新与变化没有先入之见；②在意向上不仅对直接环境中产生的大量问题，而且对外部产生的大量问题持有自己的观点；③面向现在与未来，而不是迷恋过去；④把计划与组织信念视为处理生活的方式；⑤为促进个人目的与目标的实现而掌握环境，而不是完全为环境需要所操纵；⑥相信世界是可以依赖的，相信可以依赖别人与别的机构来履行或完成义务与职责；⑦懂得并愿意尊重他们；⑧信仰科学与技术；⑨相信分配公正，相信根据社会贡献而不是根据某人与这种贡献无关的奇思怪想或特殊性质来获得报酬。

2. 1. 2. 4　实证学派

实证学派认为，各国的现代化具有不同特点，在对各国现代化推进过程进行实证研究后，各种实证学派提出了不同的理论或模型，如亨廷顿的政治秩序理论、库兹涅茨的经济理论、格申克隆的工业化模型等。增长理论和结论来自各国学者进行的大量现代实证研究。当前，现代化运动席卷全球。库兹涅茨建立了现代国民收入核算的基本结构，并对经济增长进行了大量实证研究。1973 年，他在《美国经济评论》上发表的论文——《现代经济增长：发现与思考》中，基于历史统计资料客观全面地分析了各国经济增长的特点，并分析了各国经济增长变量的变化趋势和变量之间的相互关系，以及国内生产总值及其构成等，对如何实现经济增长提出了深刻见解，指出总量增长和结构转变、生产率提高速度快等现代经济增长的基本特征。

2.1.2.5 综合学派

现代化是一个复杂的历史进程，涉及人类生活、经济、政治、心理等方方面面的深刻变化。单从某一角度开展现代化相关研究，总会给人盲目的感觉。因此，有必要综合运用有关学科知识开展现代化整体研究。布莱克的比较现代化研究找到了合适的研究方法，开辟了现代化研究的新路径。学术界熟知的内生与外生理论、中心-边缘理论等都是现代化综合学派的基本观点。

1966 年，布莱克在《现代化的动力》一书中，采用比较历史研究的方法，选择了知识、政治、经济、社会和心理五个比较因素。布莱克重视现代化的初始条件和过程因素，综合运用比较方法，将民族国家和政治现代化作为其研究的基本单元，将政治现代化程度作为标准，将世界上 170 个国家和地区的现代化分为七种模式。布莱克指出，一个社会要实现现代化，必然会遇到现代化的挑战、领导集团的权力巩固、经济社会的转变以及社会的整合四大问题，同时说明实现现代化必须经历与此相对应的四个阶段。

艾森斯塔德（1963）认为，对现代化不能采取盲目乐观态度。他将研究重心由现代化的必然性、普遍性转移到分析现代化的问题上。根据现代化的动力因素，他将现代化分为自我转型和顺应性现代化两种类型。欧洲国家的现代化为自我转型现代化的典型，发展中国家的现代化主要是顺应性现代化。艾森斯塔德（1963）指出，自我转型的现代化国家拥有中央集权的近代民族国家体系，具有持续增长的动力，能较容易地解决现代化过程中遇到的问题和挑战。对比分析两类现代化国家的社会转型过程，得出了包括社会制度领域的七大结论。

2.1.2.6　未来学派

未来学派认为，现代化一方面代表了发达国家的过去，另一方面是发展中国家的现在与未来，当然，还应关注发达国家的未来。针对发达国家现阶段现代化的具体含义，贝尔和托夫勒等社会学家提出了各种理论，包括后现代化、后现代社会、后工业社会等。贝尔撰写了一系列颇具影响力的著作，宣扬后工业社会等思想。1973 年，贝尔在《后工业社会的来临》一书中，分别从哲学、经济学、政治学等角度阐述了美国的后工业社会。1976 年，贝尔发表的《资本主义文化矛盾》一文分析了后工业社会文化矛盾的实质、内容和表现形式，并探寻摆脱文化矛盾的路径和举措。

2.2　产业链现代化概念界定及特性

产业链现代化包含“产业链”和“现代化”两个关键词，即对产业链现代化的研究分析，既不能脱离产业链本源，也不能无视现代化的本质。

2.2.1　立足产业链本源的产业链现代化

对产业链现代化内涵的界定绝不能脱离产业链的本质属性。产业链有非常丰富的内涵，产业链概念源自社会分工，用于描述社会分工现象和社会分工结果。我国对产业链的研究主要吸收了国外价值链、知识链、供应链的研究成果，但研究对象从企业个体拓展到产业结构，从企业内部研究拓展到产业结构研究。产业链是极其复杂的链网关系，综观对产业链概念的各类描述，可以将其定义为根据特定逻辑关系和空间分布形成的各个产业部门的技术经济关联，属于功能性网链结构，可用来描述企业群体的某种内在关联。产业链理论涵盖了满足需求程度、产品价值传递、主导核心技术以及产业地理空间布局等产业关联程度的表达。产业链的理论系统见表2.4。

表2.4 产业链的理论系统

序号	维度	含义
1	价值链	关注价值增值分配
2	技术链	关注技术协同创新
3	供应链	研究供需契约关系
4	空间链	侧重产业空间分布

产业链的核心在于价值创造，可以将其理解为满足消费者特定需求的效用系统。上中下游产品创造的价值依托产业链来传递，此导向过程直接反映了从上游原材料到下游消费品的价值增值过程。产业链上的价值分布是非均匀、动态的，并且受到产业链内部组织关系的影响。随着产业部门之间分工不断细化，价值创造活动将由单个组织行为逐渐向组织群体行为转化。产业链上布局着若干相关企业，其中的主导企业或“链主”企业获得的价值增值往往比其他成员要高。技术链的空间集聚效应可以体现出产业的本质属性，产业链上的主导技术贯穿产品和服务形成的关键环节。技术创新与产业发展具有正相关关系，两者可以相互促进。随着知识管理研究的兴起，基于知识视角对产业链进行研究的学者日益增多。本书认为，技术是显性知识的最终表现形式，而隐性知识主要蕴含在具体行动中，因此，应将知识链有关内容并入技术链加以分析。产业链实质上表达了产业内不同企业之间的供需关系，反映了不同企业之间的关联程度。下游企业消耗上游企业产出的产品和服务，上下游企业之间存在大量的物质和信息交换活动，当产业链上企业之间的分工达到一定程度之后，上下游企业之间可以采用不同的契约方式满足供需关系。产业链上不同的企业分布在不同区域，各有关企业在不同地理空间上的表现形式即空间链。从产业链的发展实践可以看出，较为先进的产业链一般在空间布局上呈现出产业集群的“扎堆”现象。对产业链开展研究离不开对产业链空间分布优化的研究，对产业链空间分布优化的研究能为产业链优化升级提供新的思路。产

业链现代化四维概念见图 2. 1。

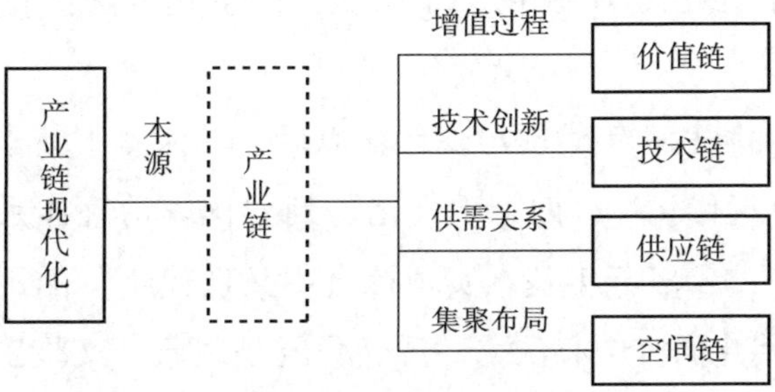

图 2. 1　产业链现代化四维概念

综上所述，产业链的概念反映了供应链、价值链、技术链和空间链的协同。其中，供应链强调市场主体的供需关系，价值链反映产业链各环节的价值创造和分配，技术链侧重技术关系在产业链的反映，空间链则表现不同产业部门在地理空间上的分布特性。上述四个维度持续相互作用，当它们之间达到均衡的状态时，产业链就产生了。因此，融合价值链、供应链、技术链和空间链的产业链统筹研究思路，是加快提升产业链现代化水平的题中应有之义。

2. 2. 2　基于现代化视域的产业链现代化

现代化运动发端于西欧，其主要表现形式为工业化运动和经济现代化。从理论层面来看，现代化涉及人类思想和活动的一切领域。“现代化”在英语中是个动态名词，是使其成为现代的意思。从实践层面来看，一系列现代要求和组合方式持续由低级向高级突破性变革的过程即现代化。具体来讲，现代化是指落后国家追赶上先进工业国家，以及迅速适应现代世界环境的一系列过程。这样的转型过程产生了巨大的社会变迁。一般来说，有 11 个方面的显著转变，即从手工劳动转向机器操作、从自然经济转向市场经济、从社会固态转向社会流动、从信息封闭转向信息传播、从习俗惯例转向规章制度、从保守单一转向开放多元、从乡村分散转向都市集中、从文盲转向知识、从愚昧转向科学、从人治转向法治、从专制转向民主。这 11 个方面的变化，可概括为“11 化”，即机械化、信息化、科技化、市场化、社会化、城镇化、知识化、民主化、法治化、制度化、多元化。

我国自 20 世纪 50 年代提出现代化以后，其内涵不断丰富，经历了从“工业化和农业近代化”“四个现代化”到“国家治理体系和治理能力现代化”，再到“二〇三五年基本实现社会主义现代化”的不同阶段。中国科学院中国现代化研究中心认为，现代化既是现象，又是发展目标。从整体上看，现代化既体现社会演化过程，也表现为工业化的发展状态。现代化是个动态过程，可以通过指标比较来衡量其实现程度。产业链现代化不应抛弃现代化的本质，不能片面地将其理解为一种状态或一个过程，它兼具状态和过程这两种特性。

2.2.3 产业链现代化的界定及特性

由上文分析不难发现，产业链现代化并不是无源之水，可以从产业链和现代化相关理论中找到依据与支撑。与过去讨论产业链现代化的概念不同，本书尝试从产业链和现代化的本质出发，给出产业链现代化的定义，即产业链现代化是指用新技术、新理念、新方式改造提升传统产业链的动态过程，以使其在价值链、技术链、供应链和空间链四个维度达到领先全球的竞争力水平。产业链现代化不再过多强调延链、拓链、强链等物理形态，而是注重价值链、技术链、供应链和空间链四个维度同步向现代化方向深化，形成价值高端化、技术创新化、供应融合化、空间集聚化的新形态。价值高端化要求产业链具有较强的价值增值能力，供应融合化侧重产业链上中下游的有序协调与安全均衡，技术创新化强调产业链的整体创新水平，空间集聚化则突出产业链的区域聚集与扩散协同。产业链现代化概念见图 2.2。

产业链现代化的内涵可从以下多个维度来理解：一是从产业链的技术创新能力来看，技术自主可控、创新能力强是产业链现代化的核心。二是从产业链的适应能力来看，产业链现代化要求产业链根据市场需求灵活、

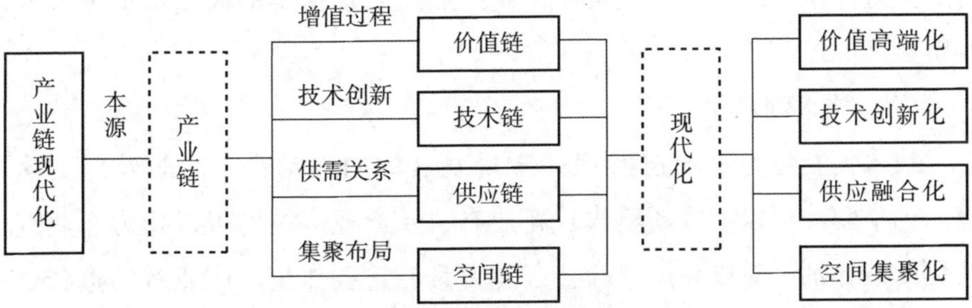

图 2.2　产业链现代化概念

高效地作出反应——面对外部风险，产业链呈现较强的韧性；应对挑战时，产业链具有较强的抗冲击和调整能力。三是从产业链的控制能力来看，产业链“链主”企业具有较强的资源整合和召集能力，能在较大的市场范围内有效配置产业链各个环节所需的资源和网络，其综合竞争力相对较强。四是从产业链的盈利能力来看，产业链上各企业价值创造水平较高，产业链整体处于所属领域的价值链中高端水平。五是从产业链的合作生态环境来看，产业链上各个企业组织形成了较强的协同合作水平，产业链融合能力和配套能力较强。六是从产业链的可持续发展来看，产业链能够做到环境友好，达到资源高效综合利用，且各类支撑要素实现深度融合，能为产业链现代化的推进提供有效要素支撑。

2.2.3.1　产业链现代化的特性

产业链现代化的特性可以归纳为价值高端化、技术创新化、供应融合化、空间集聚化。

(1) 价值高端化

产业链的价值创造过程是由从原材料到消费品的一系列增值活动构成的。价值高端化要求产业链各个环节的企业成员在价值创造过程中取得较高的价值增加值，整个产业链处于价值链的中高端水平，具有抵御外部冲击的韧性，资源配置水平更高，市场网络范围更大。云南省大部分产业尚处于全球价值链的中低端水平，要素投入和投资出口为其主要驱动力。随着市场外部需求的持续变化，传统增长方式已无法适应新形势，迫切需要将产业链向微笑曲线的两端延伸，使产业进入价值链的高附加值环节，以获得更高的经济效益。

（2）技术创新化

技术创新化是产业链实现高质量发展的内在动力，而非外部支撑力量。创新驱动可以形成新模式、新业态、新产业，技术可以作为产业链现代化的催化剂，对提高产业的整合能力具有重要作用。产业链的整合过程离不开创新驱动，是链条上各个企业打破各类资源流动的空间约束、达到知识有效共享、推动知识实现转化的过程，还是产业链上的合作企业实现风险、成本和利益共担的过程。加快创新驱动，是推进产业链现代化的重要基石。技术创新化要求企业将金融、人才、知识等要素高度协同，通过协同创新实现产业链现代化，将创新风险保持在可控范围内。上下游企业协同创新将给产业链带来更多的经济效益和利润，产业链前端企业的创新效应大于中后端企业的创新效应。产业链中已有的创新型企业主导程度、企业之间的依赖程度等将催化企业向创新型方向演化。要实现产业链现代化，必须加快关键核心技术的突破，提高产业链的自主可控能力。

（3）供应融合化

供应链是指从原材料到产成品再到市场消费者过程中所有参与企业形成的链条结构。供应融合化要求企业融入全球生产网络，形成流程化管理和规模化管理，提升对关键环节的控制能力，在发挥比较优势的同时，有效整合全球生产要素。供应融合化要求在核心产品的整体设计、关键性的高新产品、前沿技术驱动的新产品新服务等具有战略性和容易被“卡脖子”的关键环节具有自主性和可控性。对于产业链的一般性环节和产品服务，可以鼓励企业“走出去”，更多从国外市场采购。供应融合化意味着要在本土培养若干能够生产上述产品且在技术、性能、价格等方面具有国际竞争力的企业，使整个产业链的韧性足够强大，可以通过扩大产能弥补断供等冲击带来的供给缺口，保证正常的市场秩序。

（4）空间集聚化

空间集聚化要求不同区域产业链的各个环节通过协同整合不断产生新

的产业链条，产业门类较为齐全，产业配套相对完善，产业链上各个企业之间融通发展，产业生态条件持续改进。从空间属性来看，产业链上诸产业链环（各产业部门）均分布于某特定区域，且链条未必完整。但从宏观角度来讲，产业链条基本上环环相扣且相对完整。产业链上有关主体持续的空间演化会推动产业链各环节布局到能实现其经济效益最大化的特定区域。基于此，当观察的经济视野较宏观时，产业链会表现出明显的完整性。产业链现代化要求解构重组原产业链上的不同环节，调整优化形成新的产业链环节。产业链中间产品贸易规模的扩大和环节的增多有助于整体产业规模的扩大，而产业链各个环节之间技术联系协同性的增强有助于产业结构的优化升级。

2.2.3.2　产业链现代化与产业链升级辨析

综观现有文献，产业链升级可以理解为与产业链现代化相近的概念。在目标导向层面，产业链现代化可以视为产业链升级的终极演化目标。产业链升级是产业链上各组织单位通过组织学习，实现产业链条拓展、价值增值、资产增加等预期目标，使产业链整体生产率提高的过程。将上述目标进一步提升，设定为达到全球领先竞争力水平，即可实现产业链现代化。在价值增值层面，技术链上各环节的技术先进程度决定产业链每个环节的价值增值程度。产业链升级以产业技术创新、供应链的优化调整以及价值链的增值等形式表现。产业链现代化将技术创新作为其内生动力。产业链升级的实质是持续提升产业链上相关企业的主体势力，产业链升级的过程是产业链整体能力动态提升的过程。在物理形态层面，产业链升级表现为外在形态变迁，侧重从外在或表象进行产业链优化。产业链升级侧重产业链的延伸和提升、产业链的构建和整合，以及产业链管理制度优化等。产业链升级主要有产业链延伸、产业链拓展和产业链整合三种模式。在产业链升级过程中，其内部结构持续优化，各环节协同互补，从而会使整个产业链的运行效率不断提高，价值也会得到提升。

2.2.4 产业链现代化“四链”协同发展机理

产业链现代化“四链”[①] 协同发展机理如下：

（1）价值高端化对技术创新化、供应融合化与空间集聚化的促进机理

价值高端化是产业链上各个环节各个主体的价值持续增值过程。当产业链上的价值增值环节不断增多时，产业链的完整性会得到提升，从而促使产业链上的技术知识网络越来越密集。产业链增加值环节的增多，会带来产业的集聚效应，吸引更多企业加入产业链，使各企业主体之间的协作能力得到提升。供应链能力也会因为链条上企业的增加而有所提升。生产要素的高级化有利于提升技术的外溢效应。

（2）技术创新化对价值高端化、供应融合化与空间集聚化的促进机理

技术创新化是产业链知识网络密集度增强和创新水平提升的过程。一方面，产业链知识网络密集度增强意味着产业链上聚集的上下游企业更多，更多的高校、科研院所参与其中，产业链条拥有更多的知识和技术存量，通过知识共享和技术外溢，不仅可以实现本地供应链一体化，还可以加速产业链主体之间基于技术创新能力提升的价值高端化进程；另一方面，产业链技术水平的提升，可以巩固“链主”企业的核心地位，促进空间链集聚度的提升。

（3）供应融合化对价值高端化、技术创新化与空间集聚化的促进机理

供应融合化是供需可控度与自主性提升的过程。一方面，供需可控度提升后，产业链核心企业不仅能加强对有关技术经验的总结以累积新的技术创新知识，并通过扩散机制促使技术创新化水平提升，还可以通过产业链整合、拓展等，有效增加产业链价值增值环节；另一方面，供应链自主性的提升，要求产业链条上的有关企业生产具有竞争力的产品，并持续增强产业的韧性，这不仅有利于上下游关联企业集聚度的提升，而且有利于企业通过知识技术的积累与扩散，持续提升技术链的创新化水平。

---

① 四链，即价值链、技术链、供应链和空间链。

（4）空间集聚化对价值高端化、技术创新化与供应融合化的促进机理

空间集聚化表现为本地产业链完整化程度与聚集程度提升的过程。一方面，本地产业链完整化程度的提升，是产业主体生产、供应联网的过程，也是供应链从松散型向紧密型转化的过程。这不仅有利于技术链密集程度的提升，又能有效提升产业的市场势力，进而提升产业链由低附加值向高附加值转变的能力。另一方面，产业链有关主体聚集程度的提升，有利于发挥规模经济效应，使产业链上的有关企业共享产业知识和技术，也有利于产业链上下游企业供需环节的通畅。

综上所述，“四链”中任何一个维度现代化水平的提升，都会引发其他维度现代化水平的变化。“四链”协同发展模型见图 2.3。其中，A_1、A_2、A_3 表示价值高端化程度，$A_3>A_2>A_1$ 表示价值高端化的程度越来越高；同理，$B_3>B_2>B_1$、$C_3>C_2>C_1$、$D_3>D_2>D_1$ 分别表示技术创新化、供应融合化和空间集聚化的程度不断提升。四个坐标相交的原点 O 表示初始状态，即未形成产业链的原始形态，故产业链“四链”的起始点应高于 O 点的位置。

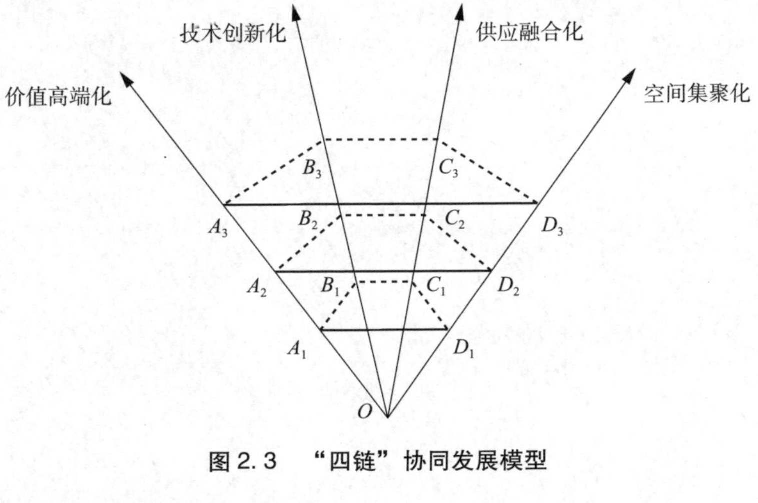

图 2.3　“四链”协同发展模型

当某种动因致使产业链出现，并开始现代化进程时，如 A_1 点出现现代化水平提升，不仅会出现由 A_1 到 A_2 的价值高端化趋势，产业链的其他维度也会有所体现，即 B、C、D 现代化水平的提升——B_1 发展到 B_2，C_1 发展到 C_2，D_1 发展到 D_2。由此，产业链的现代化水平出现整体跃升。

第3章

PART 3

云南产业链现代化的现实基础

在国际环境复杂多变、构建“双循环”新发展格局背景下，有必要系统评估云南产业链发展客观条件、发展水平和存在的问题，以厘清云南产业链现代化发展的重点方向和着力点。

3.1　云南产业链现代化的基础条件

“十三五”期间，云南省坚持“两型三化”，着力推进传统产业转型升级、生物医药和大健康产业等八大重点产业发展，在经济发展总量上实现了新跨越，在经济发展速度上实现了新突破，在经济发展质量上实现了新提升，为云南省推进产业链现代化奠定了坚实的基础。

3.1.1　工业制造基础不断增强

“十三五”期间，云南省工业以供给侧结构性改革为主线，深入落实“三去一降一补”和“巩固、增强、提升、畅通”八字方针，坚持“两型三化”产业发展方向，突出云南优势和特色，在传统产业转型升级、着力推进八大重点产业发展、全力打造世界一流“绿色能源牌”“绿色食品牌”、大力发展数字经济等方面取得了明显成效，“传统产业+支柱产业+新兴产业”迭代产业体系加速构建。云南省地区生产总值由 2016 年的 14869.95 亿元增长到 2020 年的 24521.9 亿元（在 2018 年首次突破 2 万亿元），年均增长率高于同时期全国水平。2016—2020 年云南省三次产业结构变化如图 3.1所示。

云南工业发展速度和发展质量明显提升。云南省全部工业增加值从 2016 年的 4087.54 亿元增长至 2020 年的 5457.96 亿元，工业增加值总量全国排名从第 23 上升至第 19。规模以上工业增加值年均增速达到 7.8%，位居全国第一梯队，2016—2019 年分别比全国平均水平高 0.5 个、4.0 个、

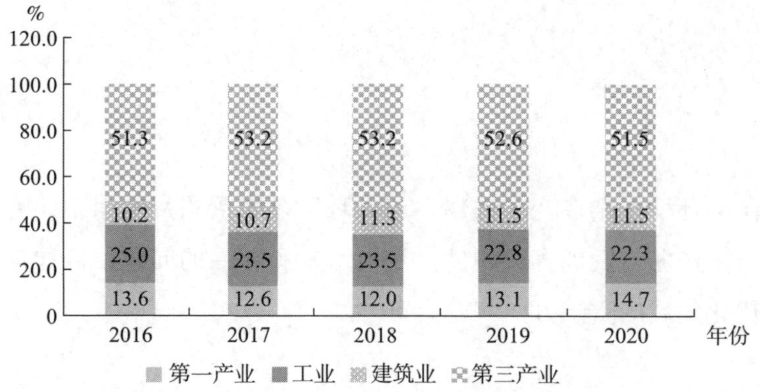

图 3.1 2016—2020 年云南省三次产业结构变化

5.6 个和 2.4 个百分点，2020 年与全国水平基本持平，有力地支撑了全省经济社会快速发展。其中，规模以上制造业增加值从“十二五”末的 2919.81 亿元增至“十三五”末的 4012.91 亿元，年均增速达到 6.6%；规模以上制造业工业总产值从“十二五”末的 7899.42 亿元增至“十三五”末的 11816.90 亿元，年均增速达到 8.4%，综合效益日益向好。云南省规模以上工业主营业务收入从“十二五”末的 9829.69 亿元增至“十三五”末的 14548.80 亿元，年均增长 8.2%。其中，规模以上制造业主营业务收入从“十二五”末的 7722.75 亿元增至“十三五”末的 11836.65 亿元，年均增长 8.9%。云南省规模以上工业利润总额从“十二五”末的 465.53 亿元增至“十三五”末的 1005.44 亿元，年均增长 16.6%。其中，规模以上制造业利润总额从“十二五”末的 322.91 亿元增至“十三五”末的 820.86 亿元，年均增长 20.5%。规模以上制造业全员劳动生产率从“十二五”末的 41.96 万元/人增至“十三五”末的 66.73 万元/人，年均增长 9.7%。规模以上制造业亏损企业亏损总额由 2015 年的 211.03 亿元降至 2020 年的 89.28 亿元，亏损企业数量占比下降 4.7 个百分点，企业亏损面及亏损总额逐渐收窄。在全省规模以上工业总产值中，三大工业门类比由“十二五”末的 8.1∶77.8∶14.1 调整为“十三五”末的 6.5∶80.5∶13.0，制造业占比提高了 2.7 个百分点。非烟制造业增加值占规模以上制造业增加值比重从 54.2%提高到 63.5%，占比明显提高。2016—2020 年云南省工业规模变化见图 3.2。

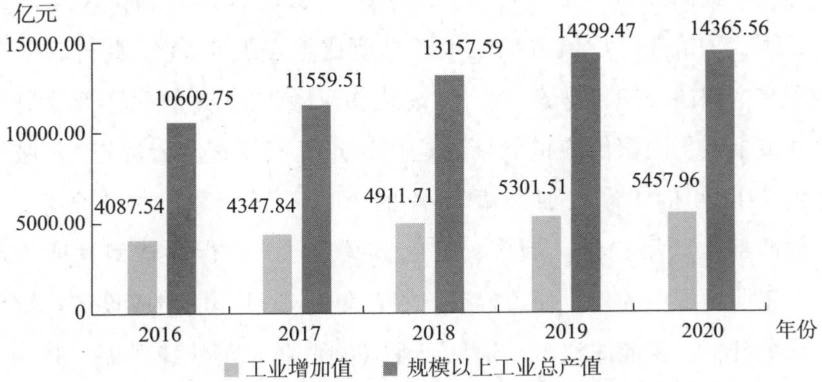

图 3.2　2016—2020 年云南省工业规模变化

3.1.2　重点产业培育效果明显

2016 年以来，云南省委、省政府高位推动生物医药和大健康、信息、新材料、先进装备制造业、高原特色现代农业、旅游文化、食品与消费品制造业、现代物流八大重点产业发展，云南省产业结构进入主动调整、引领调整新阶段。经过近年来的大力培育，八大重点产业的发展取得了积极成效，导向作用逐步显现。2020 年，云南中药材种植（养殖）业实现营业收入 516.11 亿元，生物医药制造业实现营业收入 595.92 亿元，生物医药商贸业实现营业收入 1409.42 亿元。“十三五”期间，疫苗产业成为云南生物医药产业发展的亮点，年平均增长率超过 40%。云南已打造形成以疫苗为重点的生物技术药研发生产体系，以中成药、中药饮片、提取物、健康产品为特色的天然药物（中药民族药）全产业链发展体系。2016—2020 年，云南省信息产业营业收入突破千亿元大关，分别达到 826 亿元、1004 亿元、1238 亿元、1465 亿元、1702 亿元，年均增速超过 20%，持续高于全国平均水平。“十三五”期间，云南省先进装备制造业营业收入由 2015 年的 695.7 亿元增长至 2020 年的 1505.4 亿元，年均增速达 16.7%，累计实现营业收入 5774.6 亿元。八大重点产业的发展正不断推动云南省产业新技术、新产品、新业态、新模式的涌现，使得云南省产业朝着优化结构、拓展深度、提高效益的方向转变。2020 年，云南省物流总收入实现 5866 亿元，现代物流业增加值占地区生产总值比重接近 8.5%。此外，云南省引进了多个国内外知名物流企业，“现代物流云”“云上管家”等智慧物流平台建成上线，国家供应链创新与应用试点扎实推进。云南省 5A 级物流企业由 2017 年的 1 家增加至 2022 年的 10 家，A 级以上物流企业达 122 家，居西部地区第二位。烟草、有色金属、化工等行业转型发展步伐加快，在工业发展中的地位显著提升。石油炼化项目一期建成投产。绿色铝材、绿色硅材、新能源汽车、信息产业（制造业）等快速发展。其中：绿色铝材原有规模加在建规模合计达到 800 万吨，约是“十二五”末的 5 倍；绿色硅材从无到有到强到大，云南省已落地绿色硅材项目 17 个，总投资 329 亿元，形成 28.6 吉瓦单晶硅、26.6 吉瓦硅片、40 万吨有机硅产能；新能源汽车方面，滇中新区北汽新能源、东风云汽一期、江铃总装线、中汽中心一期等项目基本建成。

3.1.3 “两化”融合水平显著提升

“两化”（信息化和工业化）融合水平显著提升主要表现在以下三个方面：

第一，持续推动产业数字化。推进“两化”融合管理体系贯标试点，深入推进工业互联网发展三年行动计划，启动实施云南省万企“上云上平台”，构建工业互联网服务商资源池和专家智库，云南能投“工业互联网公共基础支撑平台”、云南中烟“烟草行业工业互联网平台”、昆钢“钢铁冶金行业工业互联网平台”等一批重点平台项目落地实施，云内动力等一批工业互联网集成创新示范项目稳步推进。

第二，持续推动数字产业化。出台加快智能硬件产业发展的指导意见，推进数字产业化发展，紫光芯云产业园、启明星辰（昆明）科技园、优必选智能服务机器人产业园等一批项目落地，计算机、通信和其他电子设备制造业增加值大幅度增长。数字经济加快布局，“游云南”“办事通”“云品荟”“云企贷”“办税费”等“一部手机”系列产品站上了行业制高点，建成“数字云南”展示中心、区块链中心、中国林业大数据中心和林权交易（收储）中心，推动产业数字化、智能化转型升级，促进产业深度融合，助推“数字云南”建设。

第三，持续推动智能制造、服务型制造和绿色制造。“十三五”时期，云南省参与“两化”融合评估诊断和对标引导的企业从 75 家增至 2629 家，排名从全国第 31 跃至第 16。云南省制造业企业生产设备数字化率达到 40. 8%，实现网络化协同制造的企业比例达到 7. 7%，智能制造就绪率达到 4. 9%，企业智能融合发展步伐逐步加快。昆钢全流程智能化炼钢、龙津药业注射用冻干粉针剂智能工厂建设等 73 个项目获得省级智能制造试点示范项目认定，云内动力柴油机缸体缸盖智能制造、昆药集团天然植物药提取智能制造等项目获得国家智能制造试点示范项目认定。

3. 1. 4　创新驱动实现不断突破

“十三五”以来，云南省加速实施创新驱动发展战略，新旧动能转换不断推进，创新型云南建设取得新成效。

3. 1. 4. 1　自主创新能力不断增强

2012—2020 年，云南省区域创新能力从全国第 28 位提高到第 25 位，每万人口发明专利拥有量从 0. 89 件提高到 4. 02 件，技术合同成交金额从 45. 78 亿元增长到 106. 10 亿元，全社会研究与试验发展经费从 68. 75 亿元提高到 245. 99 亿元，全社会研发投入强度从 0. 62%提高到 1. 00%。此外，公民具备科学素质的比例从 2015 年的 3. 29%提高到 2020 年的 7. 34%。

3. 1. 4. 2　科技投入大幅增长

云南省全社会研发投入从 2014 年的 85. 9 亿元增加到 2020 年的 246 亿元，研发投入占地区生产总值比重从 2014 年的 0. 67%提高到 2020 年的 1. 00%，排名从全国第 24、第 26 分别提高到第 19、第 25。创新队伍不断壮大。截至 2021 年底，云南省有效期内高新技术企业 2055 家，实现营业收入 6152.26 亿元、工业总产值 4236.75 亿元、高新技术（服务）产品收入 4878.15 亿元，拥有有效专利达 40029 件，省级科技型中小企业累计备案 10462 家，入库国家科技型中小企业达 792 家。

3.1.4.3 创新平台建设持续优化布局

科技创新条件明显改善，云南省实验室建设加速推进。“十三五”时期，云南省规模以上制造业企业中建有研发机构企业数量、高新技术企业数量、高新技术企业工业总产值、高技术制造业工业总产值，分别从 2016 年的 462 家、343 家、1645.81 亿元、465.03 亿元增至 2020 年的 539 家、540 家、2587.71 亿元、1008.86 亿元，年均增速分别达到 3.9%、12.0%、12.0%、21.4%。截至 2020 年，云南省建成省级企业技术中心 464 个、国家企业技术中心 20 个，省级工程技术研究中心 123 个、国家工程技术研究中心 4 个，省级重点实验室 105 个、国家重点实验室 6 个，省级制造业创新中心 4 个，国家级专精特新“小巨人”企业 35 家，国家技术创新示范企业 5 家，国家级制造业单项冠军企业 3 家。北京航空航天大学云南创新研究院、北京理工大学昆明产业技术研究院、上海交通大学云南（大理）研究院、浙江大学云南（红河）研究院等一批新型研发机构落地运行。云南景东 120 米全可动脉冲星射电望远镜研制重大科技项目等落地实施。临沧市获批建设国家可持续发展议程创新示范区，楚雄高新区升级为国家级高新区，玉溪国家创新型城市建设、通海国家创新型县建设深入推进。大学科技园、科技企业孵化器、众创空间、星创天地成为云南省创新创业的重要载体。云南省部分重点实验室、部分工程技术研究中心分别见表 3.1、表 3.2。

表 3.1 云南省部分重点实验室

序号	实验室名称	依托单位
1	云南省天然药物化学重点实验室	中国科学院昆明植物研究所
2	云南省动物模型与人类疾病机理重点实验室	中国科学院昆明动物研究所
3	云南省重大传染病疫苗研发重点实验室	中国医学科学院医学生物学研究所

续表

序号	实验室名称	依托单位
4	云南省工业微生物发酵工程重点实验室	云南大学
5	云南省植物病理重点实验室	云南农业大学
6	云南省古生物研究重点实验室	云南大学
7	云南省贵金属材料重点实验室	昆明贵金属研究所
8	云南省软件工程重点实验室	云南大学
9	云南省内燃机重点实验室	昆明理工大学
10	云南省生物质能与环境生物技术重点实验室	云南师范大学
11	云南省计算机技术应用重点实验室	昆明理工大学
12	云南省机电一体化应用技术重点实验室	云南省机械研究设计院
13	云南省刑事科学技术重点实验室	云南警官学院
14	云南省粒子天体物理重点实验室	云南大学
15	云南省农村能源工程重点实验室	云南师范大学
16	云南省花卉育种重点实验室	云南省农业科学院花卉研究所
17	云南省野生资源植物研发重点实验室	中国科学院昆明植物研究所
18	云南省动物营养与饲料重点实验室	云南农业大学
19	云南省农业生物技术重点实验室	云南省农业科学院生物技术与种质资源研究所
20	云南省甘蔗遗传改良重点实验室	云南省农业科学院甘蔗研究所
21	云南省热带亚热带动物病毒病重点实验室	云南省畜牧兽医科学院
22	云南省森林植物培育与开发利用重点实验室	云南省林业科学院
23	云南省烟草化学重点实验室	云南烟草科学研究院
24	云南省高原地理过程与环境变化重点实验室	云南师范大学
25	云南省国际河流与跨境生态安全重点实验室	云南大学
26	云南省高原湖泊流域污染过程与管理重点实验室	云南省环境科学研究院
27	云南省特种冶金重点实验室	昆明理工大学

续表

序号	实验室名称	依托单位
28	云南省有色金属真空冶金重点实验室	昆明理工大学
29	云南省微纳材料与技术重点实验室	云南大学
30	云南省铅锌资源综合利用企业重点实验室	云南驰宏锌锗股份有限公司
31	云南省选冶新技术重点实验室	昆明冶金研究院
32	云南省新材料制备与加工重点实验室	昆明理工大学
33	云南省灵长类生物医学重点实验室	云南中科灵长类生物医学重点实验室
34	云南省细胞治疗技术转化医学重点实验室	中国人民解放军联勤保障部队第九二〇医院 昆明医科大学第一、第三附属医院
35	云南省天然药物药理重点实验室	昆明医科大学
36	云南省出生缺陷与遗传病研究重点实验室	云南省第一人民医院
37	云南省中药和民族药新药创制企业重点实验室	云南省药物研究所
38	云南省昆虫生物医药研发重点实验室	大理大学
39	云南省虫媒传染病防控研究重点实验室	云南省寄生虫病防治所 中国医学科学院医学生物学研究所
40	云南省畜禽分子生物学重点实验室	中国科学院昆明动物研究所
41	云南省肺癌研究重点实验室	昆明医科大学第三附属医院
42	云南省生育调节与少数民族优生重点实验室	云南省人口和计划生育科学技术研究所
43	云南省自然疫源性疾病防控技术重点实验室	云南省地方病防治所
44	云南省动物生殖生物学重点实验室	中国科学院昆明动物研究所
45	云南省干细胞和再生医学重点实验室	昆明医科大学
46	云南省大脑破译及应用重点实验室	西双版纳生物医学研究院
47	云南省版纳微型猪近交系重点实验室	云南农业大学
48	云南省森林灾害预警与控制重点实验室	西南林业大学
49	云南省建筑结构与新材料企业重点实验室	云南省建筑科学研究院
50	云南省木材胶黏剂与胶合制品重点实验室	西南林业大学
51	云南省交通工程试验检测企业重点实验室	云南省交通科学研究院

表3.2　云南省部分工程技术研究中心

序号	工程技术研究中心名称	依托单位
1	云南省工业废水光催化处理工程技术研究中心	云南大学
2	云南省燃烧技术与装备工程技术研究中心	云南航天工业有限公司
3	云南省柴油机工程技术研究中心	昆明云内动力股份有限公司
4	云南省汽车连杆工程技术研究中心	云南西仪工业股份有限公司
5	云南省重大传染病疫苗工程技术研究中心	中国医学科学院医学生物学研究所
6	云南省甘蔗工程技术研究中心	云南省农业科学院甘蔗研究所
7	云南省智能交通系统工程技术研究中心	云南省公安厅交警总队
8	云南省太阳能光热利用工程技术研究中心	云南省玉溪市太标太阳能设备有限公司
9	云南省特种设备安全检测工程技术研究中心	云南省特种设备安全检测研究院
10	云南省动力与储能电池工程技术研究中心	云南锡业集团（控股）有限责任公司
11	云南省公路路面材料工程技术研究中心	云南省公路科学技术研究院
12	云南省卷烟用纸工程技术研究中心	云南红塔蓝鹰纸业有限公司
13	云南省动力电池材料工程技术研究中心	个旧圣比和实业有限公司
14	云南省冶金电极材料工程技术研究中心	昆明理工恒达科技股份有限公司
15	云南省木质材料加工工程技术研究中心	西南林业大学
16	云南省特种工业泵工程技术研究中心	昆明嘉和科技股份有限公司
17	云南省电缆工程技术研究中心	昆明电缆集团股份有限公司
18	云南省高压电器产品工程技术研究中心	云南云开电气股份有限公司
19	云南省肿瘤转化医学工程中心	昆明理工大学附属昆华医院
20	云南省烟草种子工程技术研究中心	玉溪中烟种子有限责任公司
21	云南省灵长类实验动物医学工程技术研究中心	昆明亚灵生物科技有限公司
22	云南省注射剂工程技术研究中心	昆明制药集团股份有限公司
23	云南省畜产品加工工程技术研究中心	云南农业大学
24	云南省马铃薯工程技术研究中心	云南省农业科学院经济作物研究所

续表

序号	工程技术研究中心名称	依托单位
25	云南省杂交粳稻工程技术研究中心	云南农业大学
26	云南省家畜胚胎工程技术研究中心	云南中科胚胎工程生物技术有限公司
27	云南省都市特色农业工程技术研究中心	昆明学院
28	云南省灯盏花 GAP 工程技术研究中心	红河千山生物工程有限公司
29	云南省公路标准化建管养工程技术研究中心	云南省交通科学研究所
30	云南省公路节能工程技术研究中心	云南省公路开发投资有限责任公司
31	云南省玫瑰繁育及加工工程技术研究中心	云南丽都花卉发展有限公司
32	云南省高岭土材料工程技术研究中心	云南天鸿高岭矿业有限公司
33	云南省饲料工程技术研究中心	云南西尔南饲料有限公司
34	云南省贵金属资源再生工程技术研究中心	贵研资源（易门）有限公司
35	云南省肾癌诊治与转化工程技术研究中心	云南省第一人民医院
36	云南省昭通苹果繁育工程技术研究中心	昭通绿健果蔬商贸有限公司
37	云南省防化装备工程技术研究中心	云南无线电有限公司
38	云南省芦荟加工工程技术研究中心	云南万绿生物股份有限公司
39	云南省林浆纸工程技术研究中心	云南云景林纸股份有限公司
40	云南省道地濒危中药材繁育与栽培工程技术研究中心	云南中医药大学
41	云南省多年生稻工程技术研究中心	云南大学
42	云南省天然橡胶加工工程技术研究中心	云南农垦集团有限责任公司
43	云南省神经病理性疼痛诊疗工程技术研究中心	昆明医科大学第二附属医院

3.1.4.4 技术创新支撑产业发展

“十三五”期间，聚焦发展八大重点产业、打造世界一流“三张牌”、建设“数字云南”重大科技需求，云南省累计突破重大关键技术 800 余项，研发具有自主知识产权的重大新产品 540 余个。国产首个、全球第 2 个十三价肺炎疫苗和二价脊灰减毒疫苗等疫苗获批上市，疫苗企业批签发量居全国第 1 位；三七、灯盏花种子种苗标准和中药材标准通过国际认证；世界首创的水力式升船机建成使用；烟草柔性制丝设备生产技术达到国际先进水平；建成全国最大铂族金属再生利用基地；一批先进的绿色铝材、绿色硅材项目相继开工投产；培育了国内首个高维 A 玉米品种；自主选育的“滇禾优 615”荣获全国优质稻食味品质鉴评金奖；花卉新品种数量和种类位居全国第 1；“云上黑山羊”成为中国第一个肉用黑山羊新品种；普洱茶功效及作用分子机理研究达到国际领先水平；作物多样性控制病虫害技术体系研究处于国际同类研究的前沿。

3.1.4.5　优势领域基础研究成果丰硕

灵长类生物医学、天文、植物化学、生物多样性保护、生态学等重点领域基础研究优势进一步巩固，国际影响力不断增强。成功实现月球激光测距；发布全国首个生物物种目录；种质资源库野生植物种子数量突破 1 万种，位居全球第 2；建成首个国内天然产物大数据中心；首次发现寒武纪节肢动物化石中枢神经系统；成功破解金丝猴适应高海拔环境遗传机制；利用体外培养的树鼩精原干细胞获得世界首只转基因树鼩；首次系统解析了灵长类动物胚胎着床后的分子与细胞生物学事件；国家植物博物馆、中国科学院天元数学中心落地云南。

3.1.4.6　原始创新成果大幅增长

中国西南野生生物种质资源库、省灵长类生物医学重点实验室已建成具有国际一流水准和一定国际知名度的灵长类生物医学科研机构。云南省基因编辑技术取得重大突破，建成猪基因编辑和体细胞克隆技术平台，在克隆猪领域创造了多个世界第一。世界首个 Sabin 株脊髓灰质炎灭活疫苗是我国拥有完全自主知识产权的重大创新产品，自主研发的肠道病毒 71 型灭活疫苗是我国拥有完全自主知识产权的重大创新产品；制定并发布天麻中药材国际标准，三七总皂苷以及灯盏花素作为食品原料通过了美国 FDA（食品药品监督管理局）认可的 GRAS（公认安全）认证，三七药材进入美国植物药原料目录；“云岭牛”是完全自主培育的中国三元杂交肉牛的新品种；历经 22 年，培育出我国第一个肉用黑山羊新品种“云上黑山羊”；新材料领域的分子识别技术等一系列科技成果成为创新亮点。

3.1.4.7 科技人才培养引进持续加强

“十三五”期间，围绕科技人才培养、引进和激励等，云南省出台了 68 项配套制度，推进改革举措 83 项，实行以增加知识价值为导向的分配政策，建立健全科技人才双向兼职、离岗创业及人才流动机制，深入推进人才分类评价改革。人才结构持续优化，增选“两院”院士 4 名，培养科技领军人才、高层次人才、高端外国专家 123 名，中青年学术技术带头人后备人才、技术创新人才培养对象 635 名，各类创新创业团队 153 个，入选国家科技领军人才 56 名。云南省 R&D（研究与试验发展）人员折合全时当量 5.72 万人年。

3.1.4.8 民生领域创新支撑能力不断提升

聚焦支撑生态文明排头兵、民族团结进步示范区、最美丽省份建设，在“九湖”水污染综合防治、食品安全性鉴定等方面创新推广一批惠民的重大科技创新成果。昆船合作开展的机场行李分拣项目，关键技术和设备研发填补了国内同类高技术产品的空白。D19TCI 轿车用柴油机（云内动力合作开发）出口国际市场。一批国际先进技术的引进、消化、吸收，大幅提高了云南省科技水平和创新能力。

3.1.5 产业集聚平台不断完善

按照专业化、特色化要求，着力推动产业园区转型升级。一是产业园区的规划布局不断得到优化。加快推进省级工业园区认定工作，推动园区总规修编，整合调减园区数量和面积，统筹推进“多规合一”，合理确定园区规模，明晰园区主导产业。2019 年，工业园区面积由 5715 平方公里调整为 2998 平方公里，建成区面积 470 平方公里。二是着力完善园区基础设施。对园区标准厂房建设、污水集中处理设施给予资金等方面的大力支持，以提升产业项目承载能力为重点，不断完善园区基础设施。三是促进产业集聚。围绕园区主导产业，做强做大特色产业，延伸产业链，完善关键配套，致力于优化园区空间布局，推动园区产业集群化发展，组织认定“新型工业化产业示范基地”。云南省新材料产业领域已初步形成了稀贵金属和光电子材料（以昆明为核心）、铜钛（以昆明、楚雄为中心）、锡产业（以红河为中心）、液态金属（以曲靖为核心）四大产业集群。“十三五”时期，全省新增国家级高新区 1 个、省级高新区 13 个，累计建成国家级新型工业化产业示范基地 9 个、省级新型工业化产业示范基地 21 个。全省 158 个开发区优化提升为 64 个，其中，国家级开发区 16 个，省级开发区 48 个。云南省工业园区主营业务收入从“十二五”末的 9078. 43 亿元增长至“十三五”末的 17961. 31 亿元，年均增长 11%。其中，云南省千亿元产业园区达 5 个（昆明国家高新技术产业开发区、昆明经济技术开发区、昆明五华科技产业园、安宁产业园区、玉溪国家高新技术产业开发区），其中，昆明国家高新技术产业开发区、昆明经济技术开发区主营业务收入突破 2000 亿元。2022 年度云南省新型工业化产业示范基地公示名单见表 3. 3。

表 3. 3　2022 年度云南省新型工业化产业示范基地公示名单

序号	示范基地名称	备注
1	化工（磷化工）·安宁产业园区	国家级示范基地
2	新材料（稀贵金属）·昆明国家高新技术产业开发区	国家级示范基地
3	有色金属及深加工·祥云财富工业园	国家级示范基地
4	生物医药·昆明经济技术开发区	
5	电子信息·昆明国家高新技术产业开发区	
6	新能源电池·曲靖经济技术开发区	
7	数控机床·研和工业园区	
8	新材料（钛金属）·禄丰工业园区	
9	绿色铝·富宁工业园区	
10	光伏及半导体新材料·楚雄市富民工业园区	
11	绿色铝·砚山工业园区	
12	有色金属新材料·蒙自经开区	

3.1.6 对外开放合作成效显著

围绕“面向南亚东南亚辐射中心”建设，不断提升制造业开放合作水平。坚持“引进来”与“走出去”双向推动，以八大重点产业、“三张牌”和数字经济为重点，瞄准重点区域、重点行业、重点企业，大力开展招商引资工作，成功引进中铝集团、隆基股份、魏桥集团、神火股份、四川其亚、科大讯飞等全球、全国知名企业到云南发展。深入实施“走出去”策略和产能合作。2020 年，云南省对全球 18 个国家和地区实现非金融类直接投资 10.71 亿美元，同比增长 6.85%，全国排名第 15，西部排名第 2。截至 2020 年 12 月，云南省企业在全球 58 个国家（地区）设立 888 家（机构）企业，对外实际直接投资额累计达 121.62 亿美元。云南能源投资集团有限公司积极争当“走出去”排头兵，其投资的老挝吉象水泥厂实现稳步生产经营。云南建设投资控股集团有限公司投资建设了老挝北部饲料厂，正在积极推进缅甸皎漂经济特区工业园、老挝万象成品油精制等项目。昆明钢铁控股有限公司与孟加拉国合作方联合投资建设钢铁生产企业，项目设计年产 200 万吨，计划总投资 141 亿元。云南冶金集团股份有限公司在老挝计划投资 9 亿美元建设氧化铝项目，项目设计生产能力为铝土矿 300 万吨/年、氧化铝 100 万吨/年。2018 年，中国铜业、云铜集团与中国有色集团强强联合，在刚果（金）投资建设火法冶炼厂，该项目注册资本 2 万美元，设计规模为年处理铜精矿（干）80 万~100 万吨、年生产硫酸 50 万吨、液体二氧化硫 6 万吨和铜钴合金含钴 4000 吨。

3.1.7 绿色制造体系加快形成

一是节能降耗成绩斐然。云南省水泥行业新型干法生产工艺达 100%，小规模水泥生产线产能置换转型升级，水泥窑平均单线规模提高到 2975 吨/日。云南省工业绿色低碳发展导向明显，2019 年钢铁行业吨粗钢综合能耗为 486.04 千克标准煤，比 2015 年下降 52.53 千克标准煤；水泥行业吨熟料可比综合能耗（105.83千克标准煤/吨）比2015年下降4.69千克标准煤/吨。二是淘汰落后产能成效明显。云南省全部淘汰并退出钢铁、水泥等重点行业的落后产能。“十三五”期间，云南省累计退出炼钢910万吨、平板玻璃832.1万重量箱。三是积极推进资源综合利用，安宁、东川、兰坪三大资源综合利用基地建设项目列入国家级综合利用基地。四是绿色集约成效显现。“十三五”期间，云南省单位工业增加值能耗累计下降13%，单位工业增加值用水量较2015年下降54.5%。培育形成云南省清洁生产合格企业66家，成功创建国家级绿色设计产品42个、绿色供应链示范企业3家、绿色工厂25家、绿色园区5个；神威施普瑞等5家企业获得国家绿色制造系统集成项目支持，驰宏锌锗等10家企业入选全国重点用能行业能效“领跑者”企业名单。昆明经开区列入国家生态工业示范园区，安宁、东川、兰坪、个旧列入国家工业固体废物综合利用示范基地。以水电、风电、太阳能等为主的绿色能源产业发展势头强劲，云南省绿色能源装机占比达到84%、绿色发电量占比达到92%、清洁能源交易电量占比达到97%、非化石能源消费占比达到46%，4项指标均位居全国第一。云南省第五批国家级绿色工厂名单（2020年度）、第五批国家级绿色园区名单（2020年度）分别见表3.4、表3.5。

表3.4　云南省第五批国家级绿色工厂名单（2020年度）

序号	所属州（市）	绿色工厂名称
1	昆明市	云南创视界光电科技有限公司
2	昆明市	云南华红科技股份有限公司
3	昆明市	云南森翔包装材料有限公司
4	昆明市	昆明三川电线电缆有限公司
5	昆明市	华新水泥（富民）有限公司
6	昆明市	昆明尔康科技有限公司
7	昆明市	中石油云南石化有限公司
8	昆明市	云南伊利乳业有限责任公司
9	昆明市	昆明源瑞制药有限公司

续表

序号	所属州（市）	绿色工厂名称
10	昆明市	云南中洲海绵城市建材有限公司
11	昆明市	云南云天化氟化学有限公司
12	昭通市	云南理世实业（集团）有限责任公司
13	昭通市	云南侨通包装印刷有限公司
14	曲靖市	云南鸿泰博化工股份有限公司
15	曲靖市	云南驰宏资源综合利用有限公司
16	玉溪市	云南江磷集团股份有限公司
17	玉溪市	玉溪市旭日塑料有限责任公司
18	红河州	蒙自矿冶有限责任公司冶炼分公司
19	保山市	保山隆基硅材料有限公司
20	普洱市	普洱昆钢嘉华水泥建材有限公司
21	普洱市	普洱祖祥高山茶园有限公司
22	大理州	大理州祥云大宇包装有限公司
23	大理州	华新水泥（剑川）有限公司
24	大理州	云龙县铂翠贵金属科技有限公司
25	德宏州	瑞丽市鹏和农业食品发展有限公司

表 3.5 云南省第五批国家级绿色园区名单（2020 年度）

序号	所属州（市）	绿色园区/供应链名称
1	昆明市	安宁工业园区
2	楚雄州	楚雄高新技术产业开发区
3	昆明市	云南太古可口可乐饮料有限公司
4	大理州	云南欧亚乳业有限公司
5	临沧市	沧源南华勐省糖业有限公司

3.1.8 产业政策环境不断优化

深入推进“放管服”改革，实施营商环境提升年“十大行动”，基本实现“一颗印章管审批”、企业开办“一窗通”和工程建设项目审批“一网通办”。率先放开一般工商业用户进入电力市场进行交易，市场交易主体近 13000 户，云南省电力市场化交易量突破 1000 亿千瓦时，为企业降低用电成本超过 100 亿元。每年出台稳增长的政策举措支持企业高质量跨越式发展，认真落实《民营经济高质量发展的若干意见》，为企业发展积极赋能。加强银保政企合作，为企业解决融资难、融资贵问题。深入实施中小企业成长工程和民营企业“小巨人”培育工程，成长型中小企业和云南省民营“小巨人”企业数量逐年增加。

3. 2　云南推进产业链现代化面临的困境

云南省八大重点产业大部分产业链尚处于发展初期，产业链上下游企业之间的合作不够紧密，尚未建立科学有效的分工协作体系，配套产业发展滞后，存在缺链、短链、断链等现象，能为产业发展提供优质服务的社会化服务平台不健全，无法充分发挥其对产业链现代化的推动作用。

3. 2. 1　产业规模偏小导致的产业链现代化困境

3. 2. 1. 1　制造业总体规模小

云南省工业增加值占地区生产总值比重偏低且逐年下滑，由 2015 年的 27%降至 2020 年的 22. 28%，低于全国平均水平近 10 个百分点，低于江苏省 14. 4 个百分点，低于广东省 12. 8 个百分点。2020 年，云南省全部工业增加值 5457. 96 亿元，仅占全国 313071. 00 亿元的 1. 74%。其中，制造业增加值 3475 亿元，仅占全国 269175 亿元的 1. 29%。工业增加值占地区生产总值比重为 22. 28%，与全国的 37. 82%有较大差距。其中，制造业增加值占地区生产总值的比重由 2015 年的 21. 3%降至 2020 年的 16. 4%，与全国的 27. 2%差距较大。规模以上工业企业数量仅有 4447 家，位列全国第 21，约为浙江省的 9. 54%、福建省的 23. 91%、湖南省的 25. 34%，比重庆市少 2392 家，比贵州省少 344 家。制造业增速明显低于全部工业增速。

2016—2020 年，云南省制造业增加值增速分别为 6.0%、5.6%、8.5%、10.9%和 6.5%，与全部工业的增速 6.7%、6.5%、10.3%、11.6%和 8.1%相比明显偏低。

3.2.1.2 企业竞争力不强

云南省制造业总体竞争力不强。2020 年，云南省规模以上工业实现利润总额 1005.43 亿元，仅占全国 64516.00 亿元的 1.56%。2021 年公布的中国企业 500 强中，云南省只有 6 家企业上榜，分别是云南省投资控股集团有限公司（第 130 位，制造业占比很小）、云南省建设投资控股集团有限公司（第 157 位，制造业占比很小）、云南省能源投资集团有限公司（第 175 位）、云南省交通投资建设集团有限公司（第 207 位）、云南云天化股份有限公司（第 286 位）、云南锡业集团（控股）有限责任公司（第 334 位）。其中，4 家企业营业收入过千亿元（云南省投资控股集团有限公司 1786 亿元、云南省建设投资控股集团有限公司 1505 亿元、云南省能源投资集团有限公司 1315 亿元、云南省交通投资建设集团有限公司 1064 亿元）且都不属于制造业。除烟草、制药、有色等少数行业具有一定知名度和品牌外，大部分行业知名度低，知名品牌少，竞争力不强。

3.2.1.3 产业附加值低

在国际分工中，后发国家会充分利用其产业制造成本优势，参与加工制造或产品组装之类的产业链低端环节，从而使自身产业基本处于产业价值链的低端。若自主创新能力无法提升，将形成产业发展的路径依赖，高附加值环节会被发达国家依托对关键核心技术的掌控而霸占，发展中国家将难以摆脱现有路径，长期处于产业链发展的低端环节。“十三五”时期，云南省部分制造企业突破关键核心技术，助推产业迈向中高端，但大多数行业对关键零部件的需求仍然依赖进口。云南省产业总体附加值偏低是影响产业链现代化的重要因素之一。制造业仍以资源型传统产业为主，烟草、有色金属、食品、钢铁、建材五大传统产业工业总产值占比为 65.93%，新材料、电子信息、装备制造、生物医药等新兴产业发展虽然较快，但占比仅有15%左右，对制造业增长尚未形成有力支撑。除烟草制品业形成完整产业链外，其他制造业主要集中于产业链上游的粗加工环节，资源依附型、原料输出型的发展模式仍未根本改变，产业层次低、精深加工能力不足、产品附加值低的问题仍然突出。

3.2.2　创新能力偏弱导致的产业链现代化困境

3.2.2.1　协同创新不足

虽然云南省已建立40余家产业技术创新战略联盟，但大部分技术创新战略联盟日常活动不多，基本处于停滞状态，在共性关键技术研发方面没有发挥应有的作用。云南知识创新、知识获取、知识环境、创新绩效等综合指标在全国的排名均在20以外。2020年，云南省研发经费投入强度仅为1%，比全国平均水平低1.4个百分点。云南省人均研发经费与全国平均水平及其他发达地区有很大差距。云南省尚处于工业化初期向中期过渡的阶段，肩负扩大经济规模、提升发展质量的“双重”任务。2020年，规模以上工业企业R&D经费支出145.15亿元，占云南省R&D经费比重为59%，低于全国平均水平；云南省有效发明专利拥有量15575件（全国221.3万件），专利授权28943件，其中，发明专利2458件（全国53万件）；认定登记技术合同3331项（全国54.93万项），合同成交额50.10亿元（全国2.82万亿元），分别占全国的0.60%和0.18%。以技术、人才密集的生物医药产业为例，云南省优强企业研发投入占销售收入比重不到2%，而东部一些生物医药企业该比重高达15%。

3.2.2.2　产业支撑不足

科技创新创业平台多数是建设单位为了满足自身需求而创建的，对整个产业的支撑力度不足，且平台同质化严重，缺乏产业链各环节关键技术攻关的各类创新平台，抑制了产业的发展。公共服务平台建设难以发挥为大众创业、万众创新提供良好支撑的作用。

3.2.2.3　创新内生动力不足

云南当前工业化动力主要依靠资源要素和投资驱动，主要产业仍是资源型和原料型，高端制造比重低，产品附加值低，冶金以矿产和初加工产品为主，生物医药产值最大的部分仍是中药材种植、初加工和产品交易，大多数企业采用的依然是原始的商业模式，企业多数依托劳动力、原材料及能源价格优势，依靠销售原料或初级产品获取相应效益，更多关注生产规模与产能的扩大，创新能力较弱，研发投入持续增长机制缺乏，企业投资以扩大生产规模获取短线利润为主要目的，缺少长远发展的考虑。制造业科技活动主要指标处于全国中下游水平。规模以上工业企业中有研发活动的企业占比 28. 5%、有研发机构的企业占比 12. 3%、企业研发经费投入强度 0. 91%，分别低于全国平均水平 5. 7 个、12. 9 个、0. 41 个百分点。在有研发活动的规模以上工业企业中，企业新产品开发项目数平均值 4. 55 项、新产品开发经费支出平均值 0. 1 亿元、新产品销售收入平均值 0. 76 亿元，分别为全国平均水平的 87. 6%、75. 1%、46. 1%。规模以上制造业每亿元主营业务收入发明专利数仅为全国平均水平（1. 2 件）的 48. 5%。民营企业创新实力不强，云南省非公企业发展情况与发达省份还有不小差距，重点产业领域的企业规模普遍不大，能起到引领作用的非公企业不多。同时，企业发展仍面临成本偏高、营商环境有待优化等实际问题。真正开展高新技术产业化的民营企业数量较少。

3. 2. 2. 4　创新主体意识有待提高

以企业为主导的技术创新体系还未完全建立。云南省设有研发机构的企业不足 1/5，企业尚未真正成为创新决策和创新投入的主体。在云南省规模以上工业企业中，有 R&D 活动的企业从 2011 年的 286 家增长到 2020 年的 1206 家，占全部工业企业的比重从 10. 3%提高到 27. 4%，年均提升 1. 9 个百分点。造成该现象的主要原因是现阶段云南省的主导产业仍为传统产业，战略性新兴产业严重不足，传统产业技术和产品成熟，短期内无较大战略发展需求和机遇，企业缺乏创新意愿。以上这些问题也制约着高校、科研院所技术、成果的转移转化。另外，在主导产业链上，国企和民企并未形成上下游配套体系，互补性差，造成产业链后端或边缘辅助群缺失，技术创新链断裂。云南省规模以上企业数量少，新产品开发数量与先进省份差距较大，新产品开发并未形成逐年增加的态势。作为产业发展核心的规模以上企业，缺乏创新意识，忽视新产品带来的收益，将使产业缺乏快速发展的内生动力和竞争力，整个产业转型升级步伐放缓，既难以满足构建现代产业发展体系的要求，也难以满足创新惠及民生的需求。

3.2.2.5　人才队伍建设力度还需加大

当前，高水平人才缺乏、人才行业分布不均衡和专业结构不合理、人才贡献度低等问题导致创新驱动力不强，成为云南高质量跨越发展的“瓶颈”。多层次人才队伍建设有待加强。战略科学家极度匮缺，以院士等人才为代表的高端领军人才稀缺，在滇工作“两院”院士仅12人；科技人力投入不足，科技人才规模小、层次低，长期处于全国中下游水平，每万名就业人员中研发人员数不到全国平均水平的1/3；在企业发挥作用的高层次人才不足，管理人才、研发人才难以支撑企业高质量发展。产业人才分布不合理。超过70%的人才集中在党政机关和高等院校、科研院所等事业单位，而在生产第一线的工业企业，特别是中小企业人才相对不足。

3.2.3　产业开放层次偏低导致的产业链现代化困境

区域产业链在发展过程中形成了相对封闭的知识链和相对稳定的产品链，与区域外的企业缺乏交流协作。产业链因开放性不足而面临发展“瓶颈”。云南省八大重点产业是云南经济发展的重要支撑，但多处于产业链初级阶段，在产业对内对外开放方面，云南省的区位优势尚未真正发挥，缺少具有产品竞争力的国际品牌。国内投融资体系尚未完全建立，金融体系开放层次不高，不利于国际国内金融要素有序流动、金融资源高效配置。金融市场深度融合的体制机制尚不完善，在银行、保险、证券等领域市场准入要求比较多，全球金融资源的配置能力还不强。资本市场对外开放程度不够，境外投资面临包括额度限制在内的多种管控，企业生产经营与市场开拓均面临一系列问题。目前，云南省引进的跨国公司研发水平普遍不高，研发机构设立比重不足一成，以产业加工组装为主。

3.2.4 体制机制障碍导致的产业链现代化困境

营商环境是指伴随企业活动整个过程（包括从开办、营运到结束的各环节）的各种境况和条件的总和。当前，云南省营商环境出现了明显改善，但在一些方面仍然存在束缚市场主体活力、阻碍市场和价值规律发挥作用的弊端。例如，城市建设等“硬环境”问题，政务服务、人才环境、融资环境等“软环境”问题。一是惠企政策精准投放和落实难。国家和云南省、市级政府为支持民营经济发展出台了大量优惠政策，但是在政策落实过程中，存在政策理解不透、享受政策标准不统一等问题。二是市场监管与审批脱节，监管存在“过”与“不及”的问题。云南省行政审批改革明显走在了前面，在下放行政权限、放开市场准入限制、优化审批流程等方面取得了明显效果。但是，事中、事后监管改革却有些滞后，由于监管力量薄弱、监管技术手段落后、专业性不够、监管的行业标准不明确以及监管的滞后性等，出现了部分权限“放得开，管不住”的现象。三是由于缺乏顶层设计和充足的资金支持，各部门信息互联互认程度较低，“信息壁垒”和“信息孤岛”现象仍未能消除。信息不能有效共享已成为云南省打造一流营商环境的短板，以及营商环境优化再上一个台阶的“瓶颈”。四是科技创新机制不灵活，尚没有形成科技创新与实体经济发展紧密结合的创新体制。主要表现为企业研发主体地位尚未真正确立，科技创新激励机制不完善，科技成果转化受阻，转化渠道不畅通，知识链、技术链和产业链脱节问题严重，“科技成果走不出实验室”现象普遍。五是金融改革滞后，尚未形成有助于实体企业融资的现代金融体系。以银行机构为主导的金融体系和以间接融资渠道为主导的金融结构并未得到有效改变与扭转，主要表现为以商业银行为主体、以大型国有保险公司为主的金融体系的“风险厌恶”倾向显著，对民营企业和科技型中小企业有很多歧视性规定，无法支撑科技创新和实体经济发展。在金融开放方面，管制措施过多，民间资本和国际资本进入金融领域限制重重，造成金融业竞争不足，产业发展活力和效率提升不够。

第 4 章

PART 4

云南产业链现代化的测度

4.1　产业链现代化指标体系构建

本章立足产业链现代化的内涵，从价值高端化、技术创新化、供应融合化、空间集聚化四个层面，构建了一套不仅能体现数量水平，还能体现质量水平的产业链现代化评价指标体系。

4.1.1　构建原则

产业链现代化属于一类价值判断，基于不同视角构建的评价指标体系会产生不同的评价结果。设计产业链现代化评价指标体系除了应遵循共通的八条基本原则外，还应遵循以下三条原则：①科学性原则。科学性原则是指科学性代表评价指标是否能在一定程度上客观反映产业链现代化的实际状况，并具有逻辑性。②可行性原则。在理论层面，产业链现代化评价指标设置应科学合理；在实践层面，该评价指标应具有使用价值。③自洽性原则。自洽性原则是指评价指标应具有较好的一致性，权重设置合理，指标体系具有层次性。

4.1.2　评价指标的选取

影响产业链现代化的因素众多，结构复杂，只有从多个角度和层面来构建评价系统，才能准确反映产业链现代化的整体水平。基于对产业链现代化的概念界定，本书从价值高端化、技术创新化、供应融合化和空间集聚化四个方面对产业链现代化进行评价，设计产业链现代化评价指标体系，见表 4.1。

表 4.1　产业链现代化评价指标体系

目标层	标准层	指标层
产业链现代化	价值高端化（U_1）	产业链利润率（v_{11}）
		上游增加值率（v_{12}）
		下游增加值率（v_{13}）
	技术创新化（U_2）	产业基础能力（v_{21}）
		关键核心技术掌控力（v_{22}）
		产业链技术创新平台（v_{23}）
		技术壁垒突破情况（v_{24}）
		发明专利授权占比（v_{25}）
	供应融合化（U_3）	供应链安全性（v_{31}）
		产业协调指数（v_{32}）
		经济复杂度指数（v_{33}）
	空间集聚化（U_4）	区位熵（v_{41}）
		市场融合度（v_{42}）
		市场占有率（v_{43}）

4.1.2.1　价值高端化指标

从原材料到消费品的系列活动构成了产业链的价值创造过程，而价值高端化就是要求产业链上的各个企业在价值创造过程中能持续获得的价值增加值较高，且抵御外部冲击的韧性较强。基于相关学者的观点，本书选取产业链利润率、上游增加值率、下游增加值率作为衡量价值高端化的指标，其中，产业链利润率表示产业链的总体收益能力，计算公式为产业链利润率=产业链总利润/产业链总成本；上游增加值率、下游增加值率分别表示产业链上游和下游的价值增值能力，计算公式分别为上游增加值率=上游增加值/产业链增加值、下游增加值率=下游增加值/产业链增加值。

4.1.2.2　技术创新化指标

技术创新是产业链现代化的内在要求，是经济高质量发展的内源动力。技术是产业链现代化的催化剂，技术创新可以促进新产业的形成，提升产业链的整合能力。创新驱动产业链整合的过程，就是产业链上各个企业破解创新资源在链条上流动的空间约束的过程，以及不断实现知识在企业之间共享与转化的过程。上述过程也是各合作企业之间实现协同创新、风险共担、利益共享的过程。加快创新驱动是推进产业链现代化的重要基石。本书选取产业基础能力、关键核心技术掌控力、产业链技术创新平台、技术壁垒突破情况、发明专利授权占比等指标评价技术链创新。产业基础能力的高度化、结构合理化及质量巩固化可以用来衡量产业基础能力的发展水平，发明专利授权占比=产业链发明专利授权量/产业链各类专利授权量。

4.1.2.3　供应融合化指标

供应融合化意味着要在本土培育若干能够生产上述产品且在技术、性能、价格等方面具有国际竞争力的企业，使产业链韧性增强，可以通过扩产弥补断供缺口。本书选取供应链安全性、产业协调指数和经济复杂度指数三类指标评价产业链的供应融合化程度。其中，经济复杂度指数（CI）用于测算产业链上各个部门的相互影响与产业链协同性，计算公式如下：

$$CI = \frac{1}{n^2}\sum_{i=1}^{n}\sum_{j=1}^{n} APL_i = \frac{1}{n}\sum_{j=1}^{n} BA_j \tag{4.1}$$

式（4.1）中，APL_i表示部门 i 总产出增加经历的平均步数，即后向平均波及步数；BA_j 表示部门 j 对所有部门后向需求拉动的平均波及步数。CI 反映了基于前向视角所有部门成本上升对产业链其他相关部门波及影响的平均步数，以及基于后向视角所有部门需求增加对产业链其他相关部门波及影响的平均步数。CI 值越高，产业链部门之间的关联越强，产业链越长；CI 值越低，产业链部门之间的关联越弱，产业链越短。

产业协调指数着重考察产业链上中下游发展结构优化程度。产业链结构优化有利于促进各产业部门生产率协同提高，以及投入与产出结构的优化，推动产业链的重心向技术含量高、价值高的产业升级。产业间劳动生产率的差距可以用产业部门全员劳动生产率衡量，进而评价各产业发展的协调程度。用 IC 表示产业间劳动生产率，当 IC 趋近于零时，表明各个产业部门劳动生产率接近协同均衡。用公式表示如下：

$$IC = \sum_{i=1}^{n} \frac{Y_i}{Y} \left| \frac{\frac{Y_i}{L_i}}{\frac{Y}{L}} - 1 \right| \tag{4.2}$$

式（4.2）中，Y、L 分别表示地区生产总值以及就业人数总和；Y_i、L_i 分别表示上中下游产业的总产值和平均就业人数；$\frac{Y_i}{L_i}$表示第 i 个产业的全员劳动生产率水平。

4.1.2.4 空间集聚化指标

空间集聚化是指不同区域产业链条的环节之间能够互相组合并形成一条新的产业链条，要求产业门类较为齐全、产业配套相对完善，形成良好的产业生态。但从宏观角度来讲，产业链条基本上环环相扣且相对完整。产业链现代化要求产业链不断优化调整，在解构和重组原有产业链各个环节的基础上，不断缔结出新的链接形式和内容。产业规模会随着产业链中间产品的交易环节递增以及生产“迂回”程度的提升而逐渐变大，而产业链环节之间技术关联的改进将提升产业结构水平；同时，产业聚集程度的持续提高、产业链上合作企业的联系日益密切将提升产业结构联系的紧密程度。这里选取区位熵、市场占有率、市场融合度衡量空间集聚化程度。

区位熵又称“地区生产专门化率”，计算公式如下：

$$LQ_{ij} = \frac{\frac{Y_{ij}}{Y_j}}{\frac{TY_i}{TY}} \tag{4.3}$$

式（4.3）中，LQ_{ij}表示 j 地区 i 产业的生产专门化率；Y_{ij}表示 j 地区 i 产业的产值；Y_j 表示 j 地区所有产业总产值；TY_i 表示全国 i 产业的总产值；TY 表示全国所有产业总产值。若 $LQ_{ij}>1$，表明 j 区域的 i 产业生产专门化程度较高，具有相对发展优势，能发展为区域内的主导产业。

市场占有率（S）是指某地区某产业销售收入占全国该产业销售总收入的比重，该值越大，表明该地区此产业在全国的地位越高。计算公式如下：

$$S_{ij} = \frac{H_{ij}}{\sum_{j=1}^{n} H_{ij}} \tag{4.4}$$

式（4.4）中，S_{ij}表示 j 地区 i 产业的市场占有率；H_{ij}表示 j 地区 i 产业的销售收入；$\sum_{j=1}^{n} H_{ij}$ 表示全国该产业的销售收入。

在市场融合度方面，产业链上中下游产业融合符合产业发展的内在规律，有利于产业链结构的优化和市场竞争力的提升。本书借鉴美国学者 Rosenberg 的产业融合概念，用赫芬达尔指数（*HHI*）衡量市场融合度，用主营业务收入表示市场对产品的需求情况，*HHI* 的值越接近 1，表明该产业的集中度越高。计算公式如下：

$$HHI = \sum_{i=1}^{n} \left(\frac{X_i}{X}\right)^2 \tag{4.5}$$

式（4.5）中，X 表示整个产业链的主营业务收入，X_i 表示产业链 i 端企业的主营业务收入。

4.2　层次灰色综合评判模型

邓聚龙于 20 世纪 70—80 年代提出研究和处理复杂系统的非统计方法的灰色系统理论，在系统数据极少和条件不满足统计要求的情况下，该理论实用价值很高。由于产业链现代化的影响因素众多，且多是灰色、模糊的，可以运用灰色系统理论构建产业链现代化的综合评判模型。

4.2.1　评价等级和标准确定

4.2.1.1　指标无量纲化处理

在多指标评价中，各个指标的单位不同、量纲不同、数量级也不同，不便于分析，甚至会影响评价结果。为了统一标准，首先要对所有评价指标进行标准化处理，以消除量纲，将其转化成无量纲、无数量级差别的标准值，再进行分析和评价。将产业链现代化中的二级评价指标 v_{ij} 按能否量化划分为定量指标和定性指标。其中，定量指标有不同的量纲，应对其进行无量纲化处理。处理过程如下：①确定各评价指标 v_{ij} 的上限值。②将不同量纲计量的效益转化为无量纲指标值，公式如下：

$$Y_i = \frac{X_i}{\max(X_i)} \tag{4.6}$$

式（4.6）中，Y_i 为对应评价指标 i 的无量纲指标值；X_i 为对应评价指标 i 的有量纲指标值；$\max(X_i)$ 表示对应评价指标 i 的效益上限值。

4.2.1.2 指标评价等级与标准确定

由评价体系可知，一级评价指标 $U_i(i=1, 2, 3, 4)$ 的集合为 $U=\{U_1, U_2, U_3, U_4\}$，二级评价指标 $v_{1j}(j=1, 2, 3)$ 的集合为 $v_1=\{v_{11}, v_{12}, v_{13}\}$，二级评价指标 $v_{2j}(j=1, 2, 3, 4, 5)$ 的集合为 $v_2=\{v_{21}, v_{22}, v_{23}, v_{24}, v_{25}\}$，二级评价指标 $v_{3j}(j=1, 2, 3)$ 的集合为 $v_3=\{v_{31}, v_{32}, v_{33}\}$，二级评价指标 $v_{4j}(j=1, 2, 3)$ 的集合为 $v_4=\{v_{41}, v_{42}, v_{43}\}$。将上面已经过无量纲化处理的定量指标按 5 分制计算得分；定性指标按其优劣划分为优、良、中、差、很差 5 等，对应分值分别为 5 分、4 分、3 分、2 分、1 分，当指标等级介于相邻两等级之间时，评分分别为 4.5 分、3.5 分、2.5 分、1.5 分。

4.2.2 确定评价指标 U_i 和 v_{1j}、v_{2j}、v_{3j}、v_{4j} 的权重

采用层次分析法确定评价指标 $U_i(i=1, 2, 3, 4)$ 的权重向量为 $A=(a_1, a_2, a_3, a_4)$，评价指标 $v_{1j}(j=1, 2, 3)$ 的权重向量为 $A_1=(a_{11}, a_{12}, a_{13})$，评价指标 $v_{2j}(j=1, 2, 3, 4, 5)$ 的权重向量为 $A_2=(a_{21}, a_{22}, a_{23}, a_{24}, a_{25})$，评价指标 $v_{3j}(j=1, 2, 3)$ 的权重向量为 $A_3=(a_{31}, a_{32}, a_{33})$，评价指标 $v_{4j}(j=1, 2, 3)$ 的权重向量为 $A_4=(a_{41}, a_{42}, a_{43})$。

4.2.3 组织评价专家评分，确定评价样本矩阵

令评价专家序号为 k，$k=1, 2, 3, \cdots, L$，即组织 L 位专家按评价指

标评分等级标准对受评的产业链现代化水平二级评价指标 v_{ij} 评分，并根据 L 位专家填写的评分表，求受评价产业链现代化的样本矩阵。

$$\boldsymbol{D}=\begin{bmatrix} d_{111} & \cdots & d_{11L} \\ \vdots & \ddots & \vdots \\ d_{431} & \cdots & d_{43L} \end{bmatrix} \tag{4.7}$$

4.2.4　评价灰类及其计算

（1）确定评价灰类

设评价灰类序号为 e，$e=1$，2，…，5，即有 5 个评价灰类，它们分别是优、良、中、差、很差，相应的灰类及白化权函数如下：

第 1 灰类“优”（$e=1$），灰数 $\otimes_1 \in [5,\ \infty]$，白化权函数为 f_1：

$$f_1(d_{ijk})=\begin{cases} \dfrac{d_{ijk}}{5} & ,\ d_{ijk}\in[0,\ 5] \\ 1 & ,\ d_{ijk}\in[5,\ \infty] \\ 0 & ,\ 其他 \end{cases} \tag{4.8}$$

第 2 灰类“良”（$e=2$），灰数 $\otimes_2 \in [0,\ 4,\ 8]$，白化权函数为 f_2：

$$f_2(d_{ijk})=\begin{cases} \dfrac{d_{ijk}}{4} & ,\ d_{ijk}\in[0,\ 4] \\ 2-\dfrac{d_{ijk}}{4} & ,\ d_{ijk}\in[4,\ 8] \\ 0 & ,\ 其他 \end{cases} \tag{4.9}$$

第 3 灰类“中”（$e=3$），灰数 $\otimes_3 \in [0,\ 3,\ 6]$，白化权函数为 f_3：

$$f_3(d_{ijk})=\begin{cases} \dfrac{d_{ijk}}{3} & ,\ d_{ijk}\in[0,\ 3] \\ 2-\dfrac{d_{ijk}}{3} & ,\ d_{ijk}\in[3,\ 6] \\ 0 & ,\ 其他 \end{cases} \tag{4.10}$$

第 4 灰类“差”（$e=4$），灰数 $\otimes_4 \in [0,\ 2,\ 4]$，白化权函数为 f_4：

$$f_4(d_{ijk})=\begin{cases}\dfrac{d_{ijk}}{2} & ,\ d_{ijk}\in[0,\ 2]\\ 2-\dfrac{d_{ijk}}{2} & ,\ d_{ijk}\in[2,\ 4]\\ 0 & ,\ \text{其他}\end{cases} \tag{4.11}$$

第 5 灰类“很差”（$e=5$），灰数$\otimes_5\in[0,\ 1,\ 2]$，白化权函数为f_5：

$$f_5(d_{ijk})=\begin{cases}1 & ,\ d_{ijk}\in[0,\ 1]\\ 2-d_{ijk} & ,\ d_{ijk}\in[1,\ 2]\\ 0 & ,\ \text{其他}\end{cases} \tag{4.12}$$

（2）计算灰类评价系数

对于评价指标 v_{ij}，受评产业链属于第 e 个评价灰类的灰色评价系数 x_{ije}：

$$x_{ije}=\sum_{k=1}^{L}f_e(d_{ijk}) \tag{4.13}$$

对于评价指标 v_{ij}，受评产业链属于各个评价灰类的总灰类评价数 x_{ij}：

$$x_{ij}=\sum_{e=1}^{5}x_{ije} \tag{4.14}$$

（3）计算灰色评价权向量及权矩阵

将 L 位评价专家的评价指标 v_{ij}，设置第 e 个评价灰类的灰色评价权 r_{ije}：

$$r_{ije}=\frac{x_{ije}}{x_{ij}} \tag{4.15}$$

考虑到灰类有 5 个，即 $e=1,\ 2,\ \cdots,\ 5$，受评产业链的评价指标 v_{ij}对各灰类的灰色评价权向量 r_{ij}为

$$r_{ij}=(r_{ij1},\ r_{ij2},\ r_{ij3},\ r_{ij4},\ r_{ij5}) \tag{4.16}$$

从而可得到价值高端化 U_1 所属指标 $v_{1j}(j=1,\ 2,\ 3)$、技术创新化 U_2 所属指标 $v_{2j}(j=1,\ 2,\ 3,\ 4,\ 5)$、供应融合化 U_3 所属指标 $v_{3j}(j=1,\ 2,\ 3)$ 以及空间集聚化 U_4 所属指标 $v_{4j}(j=1,\ 2,\ 3)$。

各评价灰类的灰色评价矩阵 $\boldsymbol{R}_1$、$\boldsymbol{R}_2$、$\boldsymbol{R}_3$、$\boldsymbol{R}_4$ 分别为

$$\boldsymbol{R}_1=\begin{bmatrix} r_{111} & \cdots & r_{115} \\ \vdots & \ddots & \vdots \\ r_{131} & \cdots & r_{135} \end{bmatrix} \quad \boldsymbol{R}_2=\begin{bmatrix} r_{211} & \cdots & r_{215} \\ \vdots & \ddots & \vdots \\ r_{251} & \cdots & r_{255} \end{bmatrix} \tag{4.17}$$

$$\boldsymbol{R}_3=\begin{bmatrix} r_{311} & \cdots & r_{315} \\ \vdots & \ddots & \vdots \\ r_{331} & \cdots & r_{335} \end{bmatrix} \quad \boldsymbol{R}_4=\begin{bmatrix} r_{411} & \cdots & r_{415} \\ \vdots & \ddots & \vdots \\ r_{431} & \cdots & r_{435} \end{bmatrix} \tag{4.18}$$

4.2.5　对 U 和 U_1、U_2、U_3、U_4 进行综合评价

对某产业链的价值高端化 U_1、技术创新化 U_2、供应融合化 U_3 以及空间集聚化 U_4 进行综合评价，综合评价结果 B_i 为

$$B_i=A_i \cdot R_i=(b_{i1},\ b_{i2},\ b_{i3},\ b_{i4},\ b_{i5}) \quad (i=1,\ 2,\ 3,\ 4) \tag{4.19}$$

由 U_i 的综合评价结果 B_i，可得到某产业链现代化水平的总灰色评价权矩阵 $\boldsymbol{R}$：

$$\boldsymbol{R}=\begin{bmatrix} B_1 \\ B_2 \\ \vdots \\ B_m \end{bmatrix} \quad (m=4) \tag{4.20}$$

于是，对 U 的综合评价结果为

$$B=A \cdot \boldsymbol{R}=(b_1,\ b_2,\ b_3,\ b_4,\ b_5) \tag{4.21}$$

4.2.6　计算综合评价值及结论

对 B 提供的信息，可以按照取最大的原则确定该产业链所属灰类等级，但是按此原则判断结果，有时有效，有时会因为丢失信息太多而失效，重要的问题是 B 不能用于产业链现代化的直接评价，为此应对其进行处理，使其单值化。具体方法如下：

首先，将各灰类等级按灰水平赋值，得出各评价灰类等级值化向量 C：

$$C=(d_1, d_2, d_3, d_4, d_5)=(100, 80, 60, 40, 20) \tag{4.22}$$

其次，按公式 $Z=B \cdot C^T$ 计算产业链现代化水平的综合评价值。根据 Z 值的大小，对照灰类等级，可以评判产业链现代化水平。对评价结果的处理可以这样规定，若产业链现代化评价总体得分不小于某一特定分值，则说明该产业链现代化处于较高水平。

4.3 产业链现代化测度实证研究

综合考虑云南省加快构建现代化产业体系重点培育产业及数据可获得性，本书选取生物医药、天然气、高原特色现代农业等产业构建层次灰色综合评价模型，对其现代化水平进行综合评判。

4.3.1 云南省生物医药产业链现代化测度

生物医药产业是云南省加快构建现代化产业体系重点培育的八个千亿级产业之一，具有较好的资源优势和发展基础，故本书选取云南省生物医药产业链构建层次灰色综合评价模型，并对其现代化水平进行综合评判。

4.3.1.1 云南省生物医药产业发展现状

（1）产业外部环境分析

当前，我国医药行业外部环境正在发生深刻变化，云南省生物医药产业发展面临严峻挑战。从政策层面来看，医药产品属于特殊商品，产品研发、生产和销售对政策因素的依赖性强，产业发展受政策调控的影响较大。药品监管、中药辅助用药目录、新版医保目录、“4+7”带量采购以及财税环保等各项政策持续调整，覆盖医药研发和生产、流通、使用等领域；机构改革、中美贸易摩擦等也影响着行业发展格局。从行业发展角度来看，医药行业高质量发展的内生需求决定了要提高行业集中度，未来一段时期，全国医药企业数量将从目前的约 5000 家缩减至 1000 家左右，产品也从仿制向原始创新转变。从区域竞争角度来看，国内所有省（区、市）均提出优先发展生物医药产业，京、沪、苏等地凭借创新资源优势处于全国前列，川、粤等省份生物医药的发展速度日益加快，区域竞争愈演愈烈。从企业经营角度来看，生物医药领域的规范化要求越来越高，不管是临床还是生产销售环节，都会使生物医药企业的各类成本不断提高。

（2）产业基础

良好的生物医药资源。云南省独特的自然条件，使其成为很多珍稀动植物成长的理想地区。云南有 199 种重点保护野生动物和 18000 多种高等植物，素有“植物王国”“动物王国”的美名。云南还是“药物宝库”，药用生物资源达 6559 种，中药材资源种类总数与药用植物总数分别占全国的 51.4%和 55.4%。全国大宗药材有 40 种，云南有 10 种，占比 25%。云南省已有 60 个“云药之乡”，30 多种道地药材，23 种有保健性质的中药材，三七和灯盏花为“招牌”药材，是当之无愧的“药材之乡”。同时，云南省内有很多少数民族，当地丰富的民族特色已经与生物医药体系紧密融合，有 2000 多种民族药资源，1000 多种民间药方，形成了独特的民族药文化。

优良的政策环境。近年来，云南省不断加强对生物医药产业的政策扶持，为省内生物医药产业的创新发展和集聚发展提供了资金支持，不仅对省内生物医药企业的发展起到了推动作用，也吸引国内外大量企业落户和投资。2021 年 10 月发布的《云南省财政支持生物医药产业创新发展若干措施》，为省内生物医药产业的 8 个方向提出了 22 条具体的财政扶持政策。2022 年出台的《云南省生物医药产业发展三年行动（2022—2024 年）》和《关于支持生物医药产业发展的政策措施》，围绕疫苗等生物技术药、现代中药、化学药等领域，聚资源、建平台、选人才，支持启动实施一批生物医药重大科技项目，推动生物医药产业创新发展。2022 年 3 月，云南省人民政府办公厅印发了《云南省“十四五”生物医药产业创新发展规划》，明确提出“做强品种，加快推进生物医药制造业转型升级”“做优品质，加快推进中药材优质原料基地建设”“做大市场，加快完善生物医药产品商贸体系”三大重点任务。在“做强品种，加快推进生物医药制造业转型升级”方面，提出重点发展“以疫苗为重点的生物技术药、以配方颗粒为代表的现代中药、以天然提取物为基础的健康产品”三个领域，快速发展“化学药、医疗器械、兽药”三个领域，进一步优化了产业结构、明确了发展任务。

4.3.1.2 云南省生物医药产业链发展情况

随着生物医药资源的不断开发和政策支持力度的不断加大，云南省生物医药产业呈现出蓬勃向上的发展态势。云南省生物医药产业营业收入从2015年的1241.09亿元增加到2020年的2521.45亿元，年均增长率达15.23%；增加值从2015年的365.87亿元增加到2020年的731.4亿元，年均增长率达14.86%，营业收入和增加值实现双翻番。2021年，云南生物医药产业实现营业收入2761.51亿元，同比增长9.5%，增加值同比增长14.1%。其中，原料种植（养殖）实现营业收入582.78亿元，同比增长12.9%，增加值同比增长13%；生物医药产品实现营业收入638.23亿元，同比增长7.1%，增加值同比增长18.5%；生物医药产品商贸流通实现营业收入1540.5亿元，同比增长9.3%，增加值同比增长10.8%。2021年云南生物医药产业主营业务收入（分领域）见图4.1。

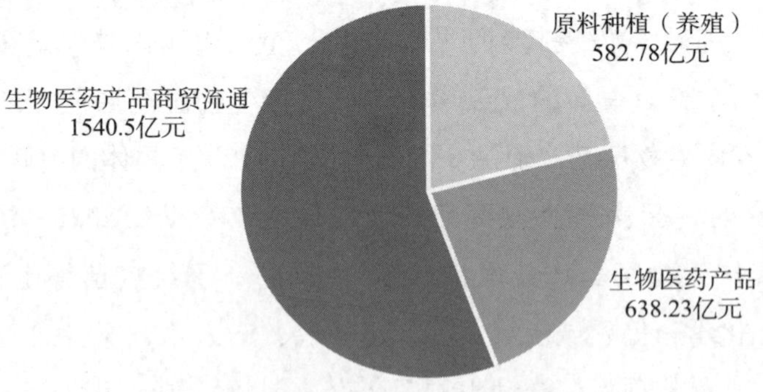

图4.1 2021年云南生物医药产业主营业务收入（分领域）

（1）价值高端化方面

中药材种植（养殖）环节。据统计，云南省药材产量从2010年的

10.69 万吨增长到 2020 年的 63.08 万吨，中成药的产量也从 2010 年的 2.08 万吨增长到 2020 年的 6.11 万吨。在过去的十年间，药材产量和中成药产量已经分别是十年前产量的 6 倍和 3 倍。截至 2021 年底，云南省已认定“云药之乡”60 个、“定制药园”103 家，推动 100 余家“定制药园”企业中药材追溯体系建设，保障中药材质量和用药安全。云南省中成药和药材产量趋势见图 4.2。

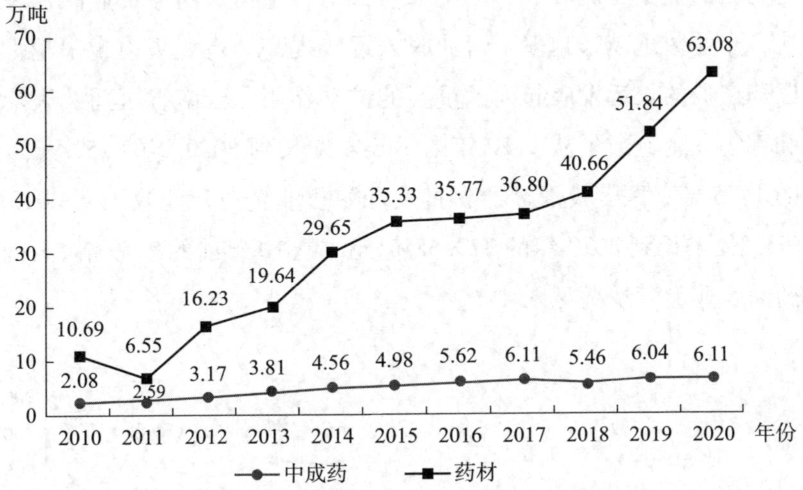

图 4.2　云南省中成药和药材产量趋势

资料来源：《云南统计年鉴》(2022)。

生物医药制药业环节。2020 年，云南省规模以上医药工业实现营业收入与利润总额分别为 343.9 亿元和 81.20 亿元，比 2016 年增长 22.1%和 144.5%，“十三五”期间年均增速分别为 4.4%和 19.2%；营业收入占全国比重达到 1.4%，比 2016 年提高 0.4 个百分点。“十三五”期间云南医药工业主营业务收入及盈利情况见表 4.2。

表 4.2　“十三五”期间云南医药工业主营业务收入及盈利情况

指标	2016 年	2017 年	2018 年	2019 年	2020 年
营业收入（亿元）	281.6	328.1	379.0	354.1	343.9
营业收入增速（%）	12.95	12.80	10.90	-7.00	-3.70

续表

指标	2016 年	2017 年	2018 年	2019 年	2020 年
营业收入占全国比重（%）	1.0	1.1	1.5	1.4	1.4
利润总额（亿元）	33.20	36.20	54.80	37.03	81.20
利润总额增速（%）	11.8	8.9	47.0	-48.0	116.1

资料来源：赛迪智库。

生物医药商贸物流环节。近年来，云南省生物医药商贸业的发展速度非常快，企业数量越来越多，营业收入逐年提高，行业规模越来越大，对生物医药产业的长远发展起到了重要的推动作用。云南省医药及医疗器材批发和零售业企业数量从 2010 年的 186 家增长到 2020 年的 252 家，是 10 年前的 1.35 倍；医药及医疗器材批发和零售业企业营业收入从 2010 年的 288.87 亿元增长到 2020 年的 729.58 亿元，是 10 年前的 2.5 倍。云南省生物医药商贸业经营情况见图 4.3。

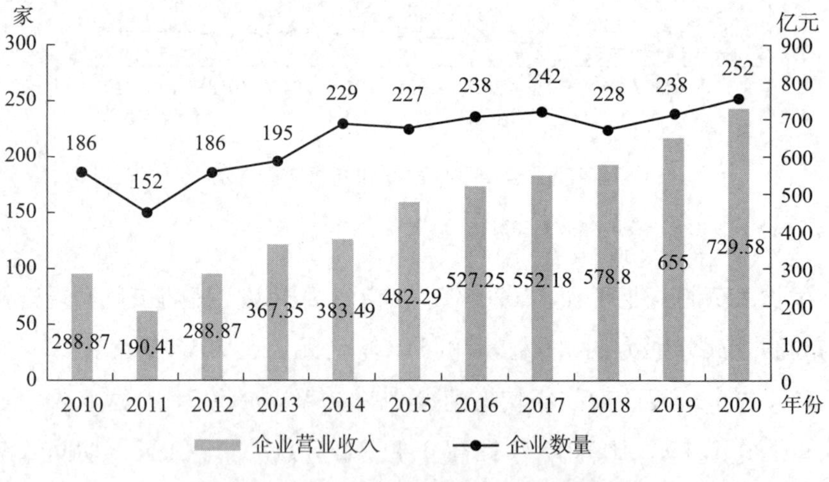

图 4.3　云南省生物医药商贸业经营情况

资料来源：《云南统计年鉴》（2022）。

（2）技术创新化方面

截至 2021 年底，云南省生物医药行业拥有国家重点实验室 3 个、国家工程实验室 1 个、国家工程研究中心 1 个、国家地方联合工程实验室（工程研究中心）13 个、国家级企业技术中心 4 个，拥有国家 GAP（良好农业规范）认证基地 14 个、GLP（药物非临床研究质量管理规范）认证机构 2 个、GCP（药物临床试验质量管理规范）认证机构 23 个，通过国际实验动物评估和认可委员会认证机构 2 家，拥有省级重点实验室 47 个、工程技术研究中心 20 个、工程研究中心 19 个、临床医学研究中心 24 个。2010 年以来，云南省共申报中药、化学药、生物疫苗注册 71 项，获得生产批件 10 项。依托昆明理工大学、贝泰妮生物、云南大学、省药物研究所、中国医学院医学生物学研究所、沃森生物、中国科学院昆明动物所和植物所、云南省科学技术院等科研院校及企业，云南省已与中国科学院、中国医学科学院、中国军事医学科学院、北京大学、美国杜克大学、英国卡迪夫大学等国内外顶级生命科学研究机构和创新团队开展合作，不断夯实创新基础。

持续优化人才政策体系，大力实施人才强省战略。实施云南省“兴滇英才支持计划”“青年人才”专项，引进生物医药领域青年人才 35 名，培养青年人才 166 人，对 14 个生物医药领域青年人才领衔项目给予经费资助，共给予 1750 万元一次性工作生活补贴、培养期内 8300 万元的专项培养经费，以及 1142 万元项目经费支持和青年人才培养期内每人每年 5 万元的特殊生活补贴，助力云南省生物医药产业发展。鼓励用人单位采用灵活多样的形式柔性引进高层次人才。研究修订《云南省柔性引进人才办法》，坚持不求所有、但求所用，形成更具吸引力的柔性引才用人机制。建立高层次人才柔性引进需求信息征集发布机制，组织实施“招才引智‘尚贤榜’”项目。加强高层次人才服务保障，增强人才吸引力。印发了《云南省“兴滇英才支持计划”实施办法》，颁发“兴滇惠才卡”，设立省级高层次人才服务窗口，专项办理入选人才服务事项，建设宜业宜居创新创业的人才生态。促进科技成果转移转化，释放人才活力。《云南省人民政府办公厅关于财政支持和促进科技成果转化的实施意见》明确提出，发挥财政资金和财政政策的激励作用，加快推进科技成果转化和产业化，支持建成云南省统一的科技成果转化平台，培育科技成果转化服务机构，健全完善科技成果转化收益分配机制，充分激发科研人员积极性、主动性和创造性。对于诺贝尔奖获得者、国内外院士在滇创办拥有自主知识产权的科技型企业并担任董事长或总经理的，按照其实际到位注册资金和科技成果产业评估价值给予补助，最高可补助1000万元。实施《创新驱动高质量发展29条措施》，在省科学技术进步奖中增设“产业创新贡献”类项目。对通过转化应用国内外先进、适用技术，解决本省产业发展重点、难点问题，并产生明显经济社会效益及生态环境效益的标志性科技成果给予奖励。截至2020年底，云南省在生物医药领域拥有“两院”院士7位，累计培养省科技领军人才14位，引进省高层次人才54位，引进高层次创新创业团队4个，培养省中青年学术技术带头人后备人才和省技术创新人才培养对象553位，培育省创新团队105个。

在新产品研发方面，云南省生物医药产业新产品开发项目数量从2011年的340项增长到2020年的600项，每年平均增长29项；生物医药产业新产品的销售收入从2011年的25.83亿元增长到2020年的43.65亿元，每年平均增长1.98亿元。在专利发明方面，专利申请数从2011年的219项增至2020年的379项，平均每年增长18项；有效发明专利数从2011年的294项增至2020年的983项，平均每年增长76项。云南省生物医药创新产品情况见表4.3。

表4.3 云南省生物医药创新产品情况

年份	新产品开发（项）	新产品销售收入（亿元）	专利申请（项）	有效发明专利（项）
2011	340	25.83	219	294
2012	278	26.47	341	452
2013	262	45.61	327	628
2014	359	50.55	358	584
2015	397	34.74	258	950
2016	512	32.31	335	734
2017	513	61.23	255	843

续表

年份	新产品开发（项）	新产品销售收入（亿元）	专利申请（项）	有效发明专利（项）
2018	559	56.82	410	924
2019	552	39.94	367	850
2020	600	43.65	379	983

资料来源：《云南统计年鉴》(2022)。

(3) 供应融合化方面

“十三五”期间，云南省规模以上医药制造业企业由 131 家增至 163 家。其中，云南白药、昆药集团、生物谷和龙津药业入选中国中药企业百强，沃森生物入选中国生物医药企业 20 强，积大制药入选中国化药企业百强，同时引进了国药集团等一批知名药企。在销售超亿元的 55 个产品中，中药有 37 个，包括云南白药、血塞通等一批知名药品。为全国供应了超 20%以上的疫苗产品，是国内脑膜炎、肺炎、脊髓灰质炎、肠道病毒等主要疫苗产品制造基地；中源协和、新生命干细胞、舜喜再生医学等企业推动了干细胞生态产业链发展。打造了三七、云茯苓等“十大云药”品牌。昊邦制药引进 5 个印度仿制药品种，大唐汉方制药引进氨酚右美肾素口服液等 3 个儿童用仿制药品种。云南省生物医药制造业经营情况见图 4.4。

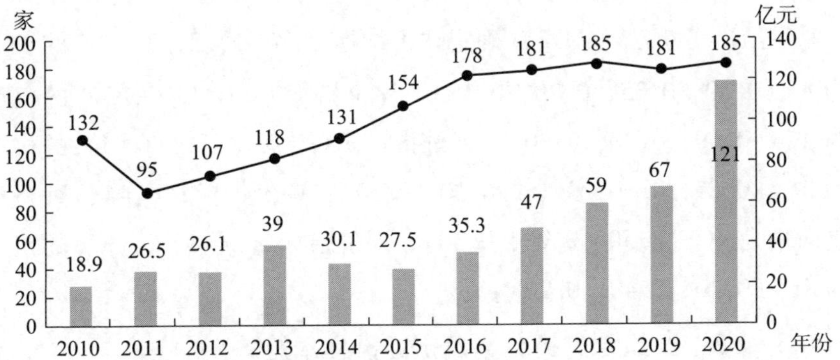

图 4.4　云南省生物医药制造业经营情况

资料来源：《中国高技术产业统计年鉴》(2022)。

(4) 空间集聚化方面

云南省生物医药产业聚集效应显著，形成了以昆明高新区、昆明经开区等为代表的产业集聚区，建成了滇东南三七、滇东北天麻、滇西北高山药材、滇中民族药道地药材和滇西南南药特色药材五大中药材种植基地。其中，昆明高新区入围2019中国生物医药产业园区综合竞争力前50强，昆明高新区、玉溪高新区（红塔工业园）入选全国16个生物医药新型工业化产业示范基地。云南省建设中药材标准化基地126万亩①，获得绿色认证的基地面积4.5万亩，获得有机认证的基地面积3.2万亩。

4.3.1.3 评价等级和标准确定

将二级评价指标 v_{ij} 按能否量化划分为定量指标和定性指标，对单位不同、量纲不同的定量指标进行标准化处理，转化成无量纲、无数量级差别的标准值。由前文的评价体系可知，一级评价指标 $U_i(i=1, 2, 3, 4)$ 的集合为 $U=\{U_1, U_2, U_3, U_4\}$，二级评价指标 $v_{1j}(j=1, 2, 3)$ 的集合为 $v_1=\{v_{11}, v_{12}, v_{13}\}$，同理可得出其余二级评价指标的集合。将定量指标按5分制计算得分。定性指标按其优劣可划分为优、良、中、差、很差五个等级，分值分别为5分、4分、3分、2分、1分，当指标等级介于相邻两等级之间时，评分分别为4.5分、3.5分、2.5分、1.5分。

4.3.1.4 确定评价指标权重

采用层次分析法（AHP）确定评价指标 $U_i(i=1, 2, 3, 4)$ 的权重向量为 $A=(0.30, 0.35, 0.20, 0.15)$，评价指标 $v_{1j}(j=1, 2, 3)$ 的权重向量为 $A_1=(0.40, 0.30, 0.30)$，评价指标 $v_{2j}(j=1, 2, 3, 4, 5)$ 的权重向量为 $A_2=(0.25, 0.30, 0.15, 0.20, 0.10)$，评价指标 $v_{3j}(j=1, 2, 3)$ 的权重向量为 $A_3=(0.50, 0.20, 0.30)$，评价指标 $v_{4j}(j=1, 2, 3)$ 的权重向量为 $A_4=(0.40, 0.40, 0.20)$。

4.3.1.5 组织专家评分，确定评价样本矩阵

笔者组织5位专家对云南省生物医药产业链现代化水平进行评分，根

① 1亩≈666.67平方米。

据专家填写的评分表，云南省生物医药产业链现代化的样本矩阵为

$$\boldsymbol{D}=\begin{bmatrix}4.0 & 3.5 & 3.2 & 4.5 & 4.2\\ 3.2 & 3.8 & 4.0 & 4.8 & 4.2\\ 3.0 & 3.5 & 3.6 & 3.8 & 4.0\\ 3.5 & 3.6 & 3.0 & 3.5 & 3.6\\ 3.5 & 3.8 & 3.5 & 3.2 & 3.5\\ 4.0 & 4.2 & 3.8 & 4.2 & 4.5\\ 3.5 & 3.2 & 3.4 & 3.8 & 3.6\\ 4.2 & 4.0 & 4.5 & 3.6 & 4.2\\ 4.5 & 4.6 & 4.3 & 4.8 & 4.5\\ 3.5 & 3.2 & 3.5 & 3.0 & 3.8\\ 4.0 & 3.8 & 3.5 & 4.2 & 4.5\\ 4.2 & 3.5 & 3.8 & 4.0 & 4.2\\ 2.5 & 3.0 & 2.8 & 3.2 & 3.5\\ 2.0 & 1.5 & 2.5 & 2.0 & 2.5\end{bmatrix} \tag{4.23}$$

4.3.1.6　评价灰类及其计算

（1）确定评价灰类

设评价灰类序号为 e，$e=1$，2，3，4，5，即有 5 个评价灰类，分别是优、良、中、差、很差，其灰类及白化权函数如下：

第 1 灰类“优”（$e=1$），灰数$\otimes_1\in[5,\ \infty)$，白化权函数为 f_1；

第 2 灰类“良”（$e=2$），灰数$\otimes_2\in[0,\ 4,\ 8]$，白化权函数为 f_2；

第 3 灰类“中”（$e=3$），灰数$\otimes_3\in[0,\ 3,\ 6]$，白化权函数为 f_3；

第 4 灰类“差”（$e=4$），灰数$\otimes_4\in[0,\ 2,\ 4]$，白化权函数为 f_4；

第 5 灰类“很差”（$e=5$），灰数$\otimes_5\in[0,\ 1,\ 2]$，白化权函数为 f_5。

（2）计算灰类评价系数

对于评价指标 v_{11}，受评产业链属于第 e 个评价灰类的灰色评价系数 x_{11e}。

$e=1$：$x_{111}=f_1(d_{111})+f_1(d_{112})+f_1(d_{113})+f_1(d_{114})+f_1(d_{115})=3.88$

$e=2$：$x_{112}=f_2(d_{111})+f_2(d_{112})+f_2(d_{113})+f_2(d_{114})+f_2(d_{115})=4.5$

$e=3$：$x_{113}=f_3(d_{111})+f_3(d_{112})+f_3(d_{113})+f_3(d_{114})+f_3(d_{115})=3.533$

$e=4$：$x_{114}=f_4(d_{111})+f_4(d_{112})+f_4(d_{113})+f_4(d_{114})+f_4(d_{115})=0.3$

$e=5$：$x_{115}=f_5(d_{111})+f_5(d_{112})+f_5(d_{113})+f_5(d_{114})+f_5(d_{115})=0$

对于评价指标 v_{11}，受评产业链属于各个评价灰类的总灰类评价系数 x_{11}：

$$x_{11}=\sum_{e=1}^{5}x_{11e}=x_{111}+x_{112}+x_{113}+x_{114}+x_{115}=12.213 \tag{4.24}$$

同理，可以计算得出其他评价指标的评价灰类的灰色评价系数及其属于各个评价灰类的总灰类评价系数。

（3）计算灰色评价权向量及权矩阵

将5位专家的评价指标 v_{ij} 分别除以总灰类评价系数，得到第 e 个评价灰类的灰色评价权 r_{ije}。

$e=1$：$r_{111}=x_{111}/x_{11}=3.88/12.213=0.318$

$e=2$：$r_{112}=x_{112}/x_{11}=4.5/12.213=0.368$

$e=3$：$r_{113}=x_{113}/x_{11}=3.533/12.213=0.289$

$e=4$：$r_{114}=x_{114}/x_{11}=0.3/12.213=0.025$

$e=5$：$r_{115}=x_{115}/x_{11}=0/12.213=0$

因此，产业链利润率的评价指标 v_{11} 对各灰类的灰色评价权向量 r_{11} 为

$$r_{11}=(r_{111},r_{112},r_{113},r_{114},r_{115})=(0.318,0.368,0.289,0.025,0) \tag{4.25}$$

同理，可以计算 r_{12}，r_{13}，…，r_{42}，r_{43}，进而得到价值高端化 U_1 所属指标 $v_{1j}(j=1,2,3)$、技术创新化 U_2 所属指标 $v_{2j}(j=1,2,3,4,5)$、供应融合化 U_3 所属指标 $v_{3j}(j=1,2,3)$ 以及空间集聚化 U_4 所属指标 v_{4j}（$j=1,2,3$）。各评价灰类的灰色评价矩阵 R_1、R_2、R_3、R_4 分别为

$$\boldsymbol{R}_1=\begin{bmatrix}0.318 & 0.368 & 0.289 & 0.025 & 0\\0.324 & 0.365 & 0.270 & 0.041 & 0\\0.272 & 0.341 & 0.307 & 0.080 & 0\end{bmatrix} \tag{4.26}$$

$$\boldsymbol{R}_2=\begin{bmatrix}0.257 & 0.321 & 0.318 & 0.104 & 0\\ 0.263 & 0.329 & 0.313 & 0.094 & 0\\ 0.343 & 0.392 & 0.257 & 0.008 & 0\\ 0.263 & 0.329 & 0.313 & 0.094 & 0\\ 0.338 & 0.385 & 0.261 & 0.016 & 0\end{bmatrix} \tag{4.27}$$

$$\boldsymbol{R}_3=\begin{bmatrix}0.402 & 0.383 & 0.215 & 0 & 0\\ 0.296 & 0.343 & 0.290 & 0.071 & 0\\ 0.324 & 0.377 & 0.270 & 0.028 & 0\end{bmatrix} \tag{4.28}$$

$$\boldsymbol{R}_4=\begin{bmatrix}0.293 & 0.351 & 0.255 & 0.100 & 0\\ 0.218 & 0.272 & 0.329 & 0.181 & 0\\ 0.162 & 0.202 & 0.270 & 0.328 & 0.039\end{bmatrix} \tag{4.29}$$

（4）对 U 和 U_1、U_2、U_3、U_4 进行综合评价

对云南省生物医药产业链的价值高端化 U_1、技术创新化 U_2、供应融合化 U_3 以及空间集聚化 U_4 进行综合评价，评价结果 $B_i(i=1,2,3,4)$ 为

$B_1=A_1\cdot\boldsymbol{R}_1=(0.306,\ 0.359,\ 0.289,\ 0.046,\ 0)$

$B_2=A_2\cdot\boldsymbol{R}_2=(0.281,\ 0.342,\ 0.301,\ 0.076,\ 0)$

$B_3=A_3\cdot\boldsymbol{R}_3=(0.357,\ 0.373,\ 0.247,\ 0.023,\ 0)$

$B_4=A_4\cdot\boldsymbol{R}_4=(0.237,\ 0.290,\ 0.288,\ 0178,\ 0.008)$

由 $B_i(i=1,2,3,4)$ 可得到云南省生物医药产业链现代化水平的总灰色评价权矩阵 $\boldsymbol{R}$：

$$\boldsymbol{R}=\begin{bmatrix}0.306 & 0.359 & 0.289 & 0.046 & 0\\ 0.281 & 0.342 & 0.301 & 0.076 & 0\\ 0.357 & 0.373 & 0.247 & 0.023 & 0\\ 0.237 & 0.290 & 0.288 & 0.178 & 0.008\end{bmatrix} \tag{4.30}$$

云南省生物医药产业链现代化水平的综合评价结果为

$$B=A\cdot\boldsymbol{R}=(0.297,\ 0.346,\ 0.284,\ 0.072,\ 0.001) \tag{4.31}$$

（5）计算综合评价值

对 B 进行单值化，各评价灰类等级值化向量 $C=(d_1,\ d_2,\ d_3,\ d_4,$

d_5)=(100，80，60，40，20)，按公式 $Z=B\cdot C^T$ 计算产业链现代化水平的综合评价值，即 $Z=(0.297, 0.346, 0.284, 0.072, 0.001)\cdot(100, 80, 60, 40, 20)^T=77.319$。对照灰类等级，可以判断云南省生物医药产业链现代化处于中等水平。

4.3.2 云南省天然气产业链现代化测度

中缅油气管道贯通，使云南由石油天然气供应的末端转变为全国油气四大能源战略通道之一。在云南打造“绿色能源牌”的战略背景下，云南绿色能源发展迎来千载难逢的机会，天然气产业即将进入快速发展的战略机遇期。加快发展天然气产业是优化云南能源产业结构、促进新兴产业发展的重要抓手，有效构建天然气产业链体系对云南省天然气产业的未来发展具有至关重要的作用。

4.3.2.1 云南天然气产业发展现状及存在的问题

(1) 发展现状

现阶段，云南省天然气气源主要有川气、缅气及液化天然气（LNG）。其中，缅气供应中缅天然气管道沿线 8 个州市，川气主要供应昭通市云南水富云天化有限公司，未通管道气地区采用 LNG 点供方式供气。2018 年，昭通页岩气示范区生产页岩气 10.39 亿立方米，日产气量突破 460 万立方米。作为首批国家级页岩气示范区，自 2012 年全面投入勘探开发以来，昭通页岩气示范区累计生产页岩气超过 20 亿立方米，投产页岩气井 102 口。天然气产能初具规模。一是上游勘探开发取得突破。二是缅气下载占比逐年上升。截至 2020 年 11 月底，云南省纳入统计天然气总供应量 19.01 亿立方米（含供应滇东地区的川气），中缅天然气管道总下载量 12.71 亿立方米，覆盖居民、工业、公共服务、交通等各种类型，为炼油、化工等领域的重要用户提供资源保障，助力云南经济平稳增长。2013—2020 年云南省天然气来源及消费量见表 4.4。

表 4.4　2013—2020 年云南省天然气来源及消费量　单位：亿立方米

供应企业	气源	2013 年	2014 年	2015 年	2016 年	2017 年	2018 年	2019 年	2020 年
中石油	西南油气田	3.50	4.05	4.64	5.06	5.29	4.15	—	—
	中缅线	0.01	0.07	0.33	1.32	4.51	8.80	10.35	13.63
其他 LNG		0.50	0.80	0.90	1.00	2.10	2.50	—	—
合计		4.01	4.92	5.87	7.38	11.90	15.45	—	17.31

2018 年，居民用气价格从 3.31 元/立方米降至 2.95 元/立方米，降幅达 10.88%。通过重新核定管输费和推进大用户直供等，持续减少中间供气层级，工业用户用气成本总体有所下降。2020 年，云南省纳入监管统计天然气消费量（不含供应滇东北的川气）突破 18 亿立方米。1—12 月，居民用气量为 1.31 亿立方米，占 6.43%，同比增加 10.71%；车用用气量为 0.94 亿立方米，占 4.62%，同比减少 24.00%；商业用气量为 0.75 亿立方米，占 3.70%，同比增加 10.71%；工业用气量为 17.31 亿立方米，占 85.26%，同比增加 26.31%。

自 2013 年中缅天然气管道投产供气以来，云南省着力实施“气化云南”战略，已建成天然气干支线管道 28 条，总里程达 2634 公里。普洱市、临沧市、西双版纳州、怒江州和迪庆州 5 个州市，因天然气终端市场需求量不大、地形复杂等，天然气支线管道建设进度较为缓慢，预计短期内难以通管道天然气，将继续使用 LNG 点供方式进行供气。

（2）存在的问题

在天然气产业发展的生产要素构成中，资源占据主体核心地位。从整体来看，云南省天然气产业链尚处于初级阶段，存在亟须解决的“量价受限”“无序竞争”“量大质小”等问题。

一是上游气源“量价受限”，亟须高位协调。现阶段，云南省天然气气源主要有川气、缅气及 LNG。一方面，管道气气量指标受限，气价居高不下，天然气推广利用严重受阻。中缅天然气管道的开口权、气量和气价牢牢地控制在上游气源企业手中。例如，云南省天然气公司 2019 年度“照付不议”合同气量（3491 万立方米）仅为总需求（5 亿立方米）的

7%，而缺口气量均为额外气量，需在重庆天然气交易中心线上竞拍，重庆交易中心交易5—7月云南全月合同外气量平均挂牌价格为3625元/吨（约2.50元/立方米，较基准门站价1.59元/立方米上浮了57%）。由于地方企业拿不到足额合同气量，终端市场大量用户无气可用，加上价格居高不下，严重挫伤了终端用户用气的积极性，使得天然气推广利用严重受阻。2017—2019年，云南下载中缅管道天然气的占比从原来的3.16%提升至了26.74%，但中缅天然气管道依然只是过道，云南面临“省内开花省外香”的尴尬局面。另一方面，页岩气勘探开发门槛高，主力区块仍被央企把持。目前，云南的页岩气勘探开发以中石油为主，其中，盐津区块由四川长宁天然气开发有限责任公司负责开发，威信区块由中石油浙江油田公司负责开发，云南地方企业尚未享受页岩气的开发红利。

二是中游管道“无序竞争”，亟须优化空间布局。相对于天然气市场巨大的需求潜力，云南省在干线管网、市配管网以及天然气利用等方面的基础设施薄弱且建设滞后。云南省规划建设的近40条天然气支线管道项目主要集中在中缅天然气干支管道沿线及经济发达地区，总投资超过100亿元，总里程约3000公里。部分优质项目存在无序竞争、重复投资现象，而普洱市、临沧市、西双版纳州、怒江州和迪庆州等贫困及偏远州市受市场消费能力、投资成本等因素影响，企业投资积极性不高，天然气支线管网建设滞后，一些州市还没有开始建设天然气支线管道，农村天然气管网更是空白。

三是下游市场“量大质小”，亟须拓展产业链。工业燃料和燃气生产是云南省天然气产业的主要目标市场。云南省天然气领域多为产业附加值较低的企业，经济附加值较高的深加工企业数量较少，尚未达到规模经济所需的规模。此外，云南省天然气产业链的网状结构不显著，其竞争优势得不到充分发挥。就城镇燃气而言，129个县（区）城镇管道燃气特许经营权已授发，经营企业共计159家。由于城市燃气的投资主体实力参差不齐，以及相关退出机制不健全，部分城镇燃气企业取得城市燃气特许经营权后“圈而不建”，将经营权作为待价而沽的“商品”，严重影响了城市燃气管网建设和通气用气进度。此外，部分城市燃气特许经营权分割严重，不同投资主体的管道互不相通，严重影响了城市燃气管网的整体规划和建设。

4.3.2.2　综合评价值

天然气产业链现代化水平的综合评价值 $Z=(0.236, 0.293, 0.301, 0.162, 0.008)\cdot(100, 80, 60, 40, 20)^T=71.713$。对照灰类等级，可以判断云南省天然气产业链现代化处于中等偏下水平。

4.3.3　云南省高原特色现代农业产业链现代化测度

“十三五”期间，云南在省委、省政府的正确领导下，积极破解高原特色农业发展困境，明确了强化重点产业、夯实农业基础、壮大经营主体、转变发展方式和推进绿色发展的实施路径，取得了显著成效，但也面临巨大挑战。

4.3.3.1　主要成效

高原特色现代农业是云南省奋力推进、大力建设的重点产业，农业产业体系、生产体系和经营体系不断完善，主要农产品保障有力，供给效率明显提升，物质技术装备条件明显改善，产业结构逐步优化，一二三产业发展有机融合，资源利用和生态环境保护水平不断提高，农业质量、效益和竞争力明显提升，农产品生产加工基地建设已经起步，为高原特色现代农业发展注入了强劲活力。

（1）农业综合生产能力建设有序推进

农业综合生产能力是促进粮食增产和农民增收的结合点，是解决当前农业生产矛盾和促进农业长远发展的关键。“十三五”期间，云南省将农业综合生产能力视为农业发展的基础性工程狠抓不懈，突出“六个能力”建设。坚持把农田基础建设放在提升粮食生产综合能力首位，引导各类新型农业经营主体积极参与高标准农田建设和中低产田地改造，完善耕地保护补偿机制，加强耕地质量保护；农业保险基本覆盖粮食作物、经济作物、大小牲畜和经济林木，初步形成农业风险保障体系；积极防控动植物疫病风险，预防粮食、畜产品等重要农产品价格大幅波动风险，保障市场供给，防范化解农业农村系统风险，切实稳住“三农”基本盘；大力推广良田、良种、良法、良机、良肥综合配套措施，提高农业生产可调控程度、农田水利建设效益、土地产出率，提升农产品质量，完善农产品价格机制；加大开放力度，提升农产品国际竞争力；开展节水农业，缓解资源短缺，增强农业发展后劲。2020 年，云南省农林牧渔业总产值为 5920. 52 亿元，比 2019 年增长了 984. 79 亿元。其中，农业产值为 2902. 24 亿元，林业产值为 429. 50 亿元，牧业产值为 2315. 41 亿元，渔业产值为 103. 98 亿元，农林牧渔服务业产值为 169. 40 亿元，农业综合生产能力和经济效益显著增强。2020 年，云南省农村常住居民人均可支配收入 12842 元，同比增长 7. 9%。农村常住居民收入稳步提高。云南省农林牧渔业完成固定资产投资高于同期全国平均增幅，水库总库容、有效灌溉面积、农业机械总动力、农用大中型拖拉机及配套农具数量大幅增长。云南省农作物耕种收综合机械化率由 2015 年的 47. 00%提升到 2020 年的 50. 03%，高于全国平均水平。云南省现代农业综合生产能力稳中有进，农民丰产丰收，主要农产品供应充足，农产品质量稳步提高，充实了“粮袋子”“菜篮子”“果盘子”，夯实了云南省社会经济持续稳定发展的基础。

（2）稳定高原粮仓

党中央、国务院历来高度重视粮食生产，粮食安全始终是现代农业发展的首要任务。云南省抓牢粮食生产和粮食安全不放松，夯实粮食生产综合能力。“十三五”期间，云南省按照粮食“两区”建设任务，强化粮食生产能力，稳定粮食产量，保障重要农产品有效供给，粮食安全稳步增强；探索和扩大农机与农艺、水稻种植与水产养殖、种植业与畜牧业、项目示范与新型经营主体“四个结合”，形成了适合区域发展的节本增效和可持续发展的绿色生产模式，助力粮食生产；启动粮食安全行政首长责任制，实施农业生产及粮食生产专项中期绩效督导工作机制，以评促改，监管到位；加强农作物病虫害预防，研判云南省农作物主要病虫害发生趋势及预防措施，减少农作物病虫害损失；加快推进粮食流通体系建设，升级粮食产业化体系，建设粮食大物流、市场和监管体系；培育一批拥有核心竞争力、产业关联度高、带动能力强的重点龙头粮食企业，引导优势资源向优势企业转移，不断优化产业布局。2020 年，云南省全年粮食播种面积为 4167.40 千公顷，较上年增长 0.04%。全年粮食产量 1895.86 万吨，较上年增长 1.38%，综合平均单产稳步增加。稻谷、小麦、玉米、豆类和油料等主要农产品保障供给，烟叶、橡胶、香料等传统作物发挥经济价值，咖啡、茶叶、水果、畜产品、奶类、禽蛋、水产、蔬菜、鲜切花、中药材和食用菌等特色产业充分发挥优势。云南省初步建成具有粮食政策监管、预警预测、质量安全追溯、信息服务等功能的滇粮系统，高原粮仓稳定，主要农产品供给有保障。

（3）重点产业特色明显

产业是强省之基、兴滇之本。重点特色农业产业是确保农产品供给质量和效率的根本，是推进农业供给侧结构性改革的主战场，是支撑云南实现跨越式发展、与全国同步全面建成小康社会的关键。“十三五”期间，云南高原特色现代农业产业成长性好、产业链长、带动性强，空间布局、品牌效应、经济效益更明显，对云南省经济增长和结构优化贡献度及提升全要素生产率作用增强。

一是产业布局更为合理。“十三五”期间，云南省按照高原特色现代农业建设任务，突出“做强滇中、搞活沿边”布局，围绕区域差异化、园区集群化、产城一体化目标，发挥市场配置资源决定性作用，促进优质资源向优势企业集中、优势企业向优势区域聚集，构建以滇中为核心、沿边为前沿、多点为支撑的“一圈一带多点”产业空间格局，加快建设发展区和特色发展区生产基地，保障农产品原材料生产。牛羊产业合理布局育种、繁殖、冻精生产场地，攻克关键技术，建设推广中心、病理检验和防疫实验室，调整流通市场线路图；蔬菜产业划定夏秋、冬春、常年蔬菜优势产业区，培育大型蔬菜加工企业，改善蔬菜加工温控设施，建设蔬菜预冷设施延长新鲜蔬菜货架期，降低损耗；花卉产业是云南形象的亮丽名片，云南省已形成“一个辐射中心、三个产业带”和“六大核心区”布局；中药材以产业链为主线，以产业园区为依托，在滇中、滇南、滇东南、滇西北、滇东北等适宜种植区发展大宗道地优势药材，形成集基地建设、精深加工、现代物流、市场销售于一体的滇中现代中药材产业经济圈；茶叶产业致力打造重点产业区和有机茶园，做强“普洱茶”“滇红茶”两大公共知名品牌，做大名优绿茶品牌，打造凤庆、勐海、思茅三大茶叶加工园区；水果产业依据气候类型划分温带、亚热带、热带水果优势生产区，以苹果、香蕉、柑橘、梨、桃、葡萄等种植面积大、区域品牌强的大宗果种为重点，兼顾新兴的、具有较大市场潜力的大樱桃、蓝莓、猕猴桃等果种，在城市周边发展观光型、休闲型、采摘性强的果种产业；咖啡产业以普洱市、西双版纳州、临沧市、大理州、保山市、德宏州为重点，建成集种植、加工、品饮、旅游观光、休闲养生于一体的国际性、高档次、高品位的咖啡庄园，拓展咖啡价值空间；食用菌以“四大世界名菌”（松茸、牛肝菌、块菌、鸡油菌）主产区为重点，建设封育促繁区基地，大力发展人工菌栽培，重点发展平菇、姬鹿、杏鲍菇、金顶侧耳、香菇、双孢菇、金针菇、茶树菇、姬松茸、大球盖菇、鸡腿菇、黑木耳等人工食用菌种植及牛肝菌工厂化栽培；核桃产业以滇西、滇西南、滇中、滇东南为重点种植区，以滇东北、滇西北、滇南为一般种植区，着力打造“中国核桃之乡”。经过五年发展，云南省逐步实现“15111”（一个核心发展区域、五大重点产业板块、一批优势农产品产业带、一批现代农业示范园区、一批特色产业专业村镇）产业空间布局，基本形成布局合理、产业集中、优势突出的重点特色农业产业发展新格局。

二是产业经济效益更加明显。产业兴则经济兴，产业活则经济活。“十三五”期间，云南省发挥高原区域优势，利用多样性生态资源、特殊自然条件，优化配置资源，大力推进特色优势农产品产业化、集群化发展，有序开展规范化、标准化和规模化特色经济作物种植，创建现代农业产业强县，以绿色、无公害、有机方式发展特色优势产业，大幅增加农业产业种植面积、产量和产值，明显提升产业经济效益。云南省除受非洲猪瘟等因素影响，生猪和牛羊等畜牧养殖业产量有所降低外，其他产业产量均出现明显增长，附加产业产量也稳步提高，农业固定资产投资增速加快。2020 年，云南省茶叶、花卉、蔬菜、水果、坚果、咖啡、中药材、肉牛 8 个“绿色食品牌”重点产业综合产值保持年均 16%的高速增长，为促进高原特色农业现代化发展奠定了坚实基础。

三是产品品牌效应逐步形成。聚焦打造世界一流“绿色食品牌”战略，云南省打响了高原特色农业“丰富多样、生态环保、安全优质、四季飘香”四张名片，塑造了“云系”“滇牌”，提升了高原特色农产品品牌认可度。“十三五”期间，通过“中国 · 易门野生菌交易会”“中国 · 南华野生菌美食文化节”“中国 · 云南 · 国际野生菌博览会”等“菌文化节”打造“云菌”品牌，提高了云南野生菌的知名度和影响力，培育了食用菌企业产品品牌；通过“中国云南普洱茶国际博览交易会”统一对外宣传和推介“普洱茶”“滇红茶”两大公共品牌，“普洱茶”获得“2018 年中国茶叶区域公用品牌价值十强”（连续两年位居第一），“滇红茶”品牌价值居全国第 26 位。在第二届中国国际茶叶博览会上，云南的“普秀牌普洱山普洱茶”“昌宁红牌丹凤展翅”等 9 个企业产品品牌被评为金奖产品；通过举办“云南咖啡产销对接会”“云南咖啡杯国际冲煮大赛”“云南咖啡生豆大赛”“世界虹吸壶大赛”分区赛和“咖啡时光”“云南咖啡进校园”等活动，多渠道、多角度宣传“云咖”品牌，挖掘并讲述“云咖”故事，提高“云咖”品牌知名度和美誉度；“云菜”通过具有较强加工开发能力和市场开拓能力的龙头企业培育具有市场生命力的“蘸水”“脱水蔬菜”“鲜食马铃薯”“鲜食玉米”等产品，大力宣传“晨农”“汪家富”等优势农业企业，提升“罗平小黄姜”“丘北辣椒”等区域公共品牌的影响力；牛羊产业培育了云岭牛、独龙牛、槟榔江水牛、龙陵黄山羊、云岭黑山羊、红骨羊、乌骨羊等特色品牌，做大海潮听牧牛肉、双友云岭牛肉、云昊牛肉、金江牛肉、泰华牛肉等产品品牌，推出一批“四季放牧”生态品牌，大力推进“物联网+”模式，扩大云南牛羊产品市场覆盖范围；水果产业积极开展“三品一标”产品申报认证工作，组织和参加各类大型展示、展销、博览活动，实施“区域品牌+企业品牌”双品牌战略。通过农产品区域品牌建设，培育出普洱茶、宣威火腿、文山三七、斗南花卉、昭通天麻、丘北辣椒等知名品牌，德宏咖啡、临沧普洱茶、元谋蔬菜被纳入首批国家特色农产品优势范围，昭通苹果、文山三七、宣威火腿在第十五届中国国际农产品交易会上获得“中国百强百城公用品牌”，“云系”品牌知名度大幅攀升。在做强“云系”品牌基础上，云南省围绕茶叶、花卉、蔬菜、水果、坚果、咖啡、中药材、肉牛8个重点产业塑造“滇牌”，评选包括“10大名茶”“10大名花”“10大名菜”“10大名果”“10大名药材”在内的“10大名品”，认定绿色食品“10强企业”“20佳创新企业”，推动特色农产品通过有机食品或绿色食品认证，其中，褚橙、大益、戎氏、龙润普洱茶、昌宁红、滇红茶、后谷、朱古拉咖啡等企业自主品牌享有较高知名度。“六大名猪、六大名牛、六大名羊、六大名鸡、六大名鱼、六大名米”评选认定活动，有效提升了云南省特色畜禽、水产品、粮食的知名度和影响力；“云南特色·冬农魅力”促使高原特色农产品“出滇进京入沪”，通过展销无公害、绿色、有机、健康的名优特品，充分展示了高原农产品的特色和魅力。云南农产品出口已达116个国家和地区，连续多年稳居西部省份第一位。“云系”“滇牌”农产品，从“种子”到“桌子”、从“田间”到“舌尖”，全方位展示了云南农业的独特魅力，让绿色生态、安全优质、四季飘香的高原特色现代农产品形象深入人心，搭建高原特色现代农业通向京津冀和世界市场的桥梁，拉近了云南农业产业与京沪地区、东南亚和欧美国家间的距离。

（4）绿色发展初见成效

绿色是云南农业产业转型升级、农产品高质量发展的鲜明底色。打造世界一流“绿色食品牌”是云南农业发展过程中带有全局性、方向性的大事，是实现产业兴旺、实施乡村振兴战略的重要举措。“十三五”期间，云南围绕“绿色兴农”总战略，着力塑造“绿色牌”，大力推动农业生产方式“绿色革命”，把绿色发展作为农业产业优化升级的硬性要求，用工业化理念推动农业高质量发展，突出绿色化、优质化、特色化、品牌化，走质量兴农、绿色兴农道路，“抓有机、创名牌、育龙头、占市场、建平台、解难题”，推进产业融合发展。主要农作物化肥、农药使用量逐步减少，秸秆综合利用率逐步提高，畜禽养殖废弃物综合利用率逐步提升，田园、草原、森林、湿地、水域生态系统进一步改善，耕地面积和质量更加节约高效，建设绿色有机食品生产基地，绿色供给能力明显提升。优化种植养殖业结构，推行绿色标准化生产，推广生态健康养殖和增加绿色农产品供给，加强农业污染防治保护与节约利用农业资源，开展龙头企业“三品一标”认证，继续在苹果、设施蔬菜、茶叶优势产区开展果菜茶有机肥替代化肥试点。在粮食主产区和果菜茶优势区，打造绿色优质农产品生产基地（园区）。探索建立“谁生产、谁回收”的农膜生产者责任延伸机制。“10 大名品”和绿色食品“10 强企业”“20 佳创新企业”统一使用“绿色食品”品牌标识。云南省农产品质量安全中心统计显示，截至 2020 年，云南省“三品一标”产品已达 2927 个，企业单位 1200 家，其中，无公害农产品 1640 个，绿色食品 1158 个，中绿华夏有机农产品 48 个，农产品地理标志产品 81 个；绿色食品有效获证企业 383 家，监测面积 112 万亩，年总产量 287 万吨，年产值 151 亿元。绿色食品产品数位居全国第 10，基本形成与资源环境承载力相匹配、与生产生活生态相协调的农业绿色发展格局，建立了以绿色生态为导向的制度保障体系，高原“绿色”农产品为云南打造世界一流的“绿色食品牌”奠定了基础。

（5）经营主体逐步壮大

高原特色现代农业是云南最具竞争力的朝阳产业，新型经营主体是促进高原特色现代农业发展的强大引擎。“十三五”期间，云南省围绕市场化、组织化、专业化目标，打造农业“小巨人”，培育新型经营主体和培训农村实用人才，壮大以家庭农场为基础、专业合作组织为主体、龙头企业为骨干、其他组织形式为补充的现代新型农业经营体系，鼓励采取“公司+基地+合作社+农户”“合作社+基地+农户”“合作社+农户”等多种经营模式，大力发展种养专业合作社。云南省农户参加新型经营组织的形式主要为“公司+农户”、农民合作社、专业协会、土地托管等。开展农业产业化经营省级重点龙头企业认定和运营监测，统筹兼顾培育新型农业经营主体和扶持小农户，把小农生产引入现代农业发展轨道。培育各类专业化市场服务组织，推进农业生产全程社会化服务，帮助小农户节本增效。按照“科教兴农、人才强农、新型职业农民固农”的总要求，实施“现代青年农场主精准培育计划”“乡土专家工程”“阳光工程”，推进农村青年创业富民行动，云南省农业人员中受过专业技术培训的比例逐步提高。开展“一县一业”示范县、特色县及“一村一品”等活动，培养对传统工艺传承发掘、保护发展、人才培养有积极贡献的手艺能人。推出“三七贷”“金果贷”“奶牛贷”“金合贷”等信贷产品，为种植养殖大户、家庭农场、专业合作社等新型农业经营主体提供融资担保，保障农业产业健康发展。2021 年，云南省农业产业化龙头企业数量达 5221 家，比 2012 年的 2562 家增加 2659 家，增长 104%；云南省农业产业化龙头企业实现销售收入 3643 亿元，比 2012 年的 1296 亿元增加 2347 亿元，增长 181%，其中，规模以上龙头企业 2101 家，比 2012 年的 885 家增加 1216 家，增长 137%；云南省农业产业化龙头企业从业人员 76.16 万人，比 2012 年的 41.43 万人增加 34.73 万人。省级以上农业龙头企业成为主力军，家庭农场快速增长，经营主体逐步壮大，农业质量和效益稳步提高，加快了农业产业现代化发展步伐。

（6）开放农业成效明显

“十三五”期间，云南省充分利用连接“三亚”、肩挑“两洋”的区位优势，以南亚、东南亚国家作为农业“走出去”的重要突破口，发挥生态资源以及栽培技术优势，通过“引进来”和“走出去”战略，充分利用“两种资源、两个市场”，逐步形成开放农业发展新格局。完善农业合作机制，实施农业合作项目，引导农业境外投资，农产品贸易稳步发展，农业科技合作逐步深化，初步形成了政府引导、企业主体、科研支撑的多层次、宽领域的农业“走出去”格局。一是国内做好“出滇进京入沪”，搭建云南与北京及华东、华北地区具有一定影响力的农业项目合作、技术交流和经贸洽谈的重要平台，推动京滇两地实现深化合作、优势互补、共享成果。同时，推介活动还促进了贫困地区农业产业健康发展，“以销促产”让贫困群众有稳定的增收渠道，实现“种的人小康，吃的人健康”，助推脱贫攻坚，展示云南形象，服务云南发展。二是在国外举办澜湄合作村长论坛、中国-东盟农业合作论坛等大型活动，中国与柬、老、缅、泰、越五国共同发出了《澜湄村社合作芒市倡议》，并成立“澜湄村社发展联盟”，积极主办“中国-中东欧国家农业部长会议暨国际农业经贸合作论坛”“云南高原特色现代农业国际合作高峰论坛”。昆明海关通报数据显示，2020 年，云南省出口农产品 323. 8 万吨、出口额 360. 7 亿元，同比分别增长 16. 4%、8. 9%。鲜花出口量和出口额均为全国第一。水果、蔬菜、烟草及其制品是农产品出口量和出口额占比最大品种，蔬菜、水果出口量和出口额近年来已双双超过烟草，成为云南省第一、第二大宗出口农产品。云南省农产品出口额连续五年稳居西部省份第一位全国第七位。“云系”“滇牌”农产品销往全国 150 多个大中城市、30 多个国家和地区。三是云南农业企业对外投资的竞争力持续增强，统筹国内外相关资源，充分发挥农业资源优势、区位优势和开放优势多重叠加效应，打造有优势、有竞争力的绿色战略品牌，与南亚、东南亚等国家和地区开展农业相互投资的合作新模式。利用国内金融资源，引导金融机构为符合政策导向的农业企业“走出去”提供信贷和出口信用保险等金融服务，开设了“融商通”“融保通”“融税通”“融汇通”四个金融组合产品，既降低了企业融资成本、规避了汇率风险，又解决了“走出去”企业融资难和国际化经营风险高的难题。引导鼓励农业企业以购买、租赁、入股等方式，在境外建立农业生产基地，采取“公司+基地+农户+订单”和“原料在外、加工在内”合作模式在境外合作建设原料基地，种植水稻、玉米、橡胶、热带水果、甘蔗，与缅甸企业合作建设淡水养鱼基地。

4. 3. 3. 2　主要问题

“十三五”期间，云南高原特色现代农业取得了显著成效，但也长期存在基础设施现代化水平不高、产业优势挖掘不深、科技支撑力不强、生产率整体偏低、产业链不完整、扶持政策落实不到位和共享农业发展成果不全面等问题，阻碍了农业产业的创新发展、开放发展、跨越发展。

（1）基础设施现代化水平不高

传统农业对自然条件依赖度高，而发展现代农业需要提高先进设施配备率，减少自然资源束缚和自然灾害，有效降低农业生产成本，大幅提高农业生产效率。“十三五”时期，云南省农业长期投入不足，农业设施设备现代化水平整体偏低。一是农田水利建设难度增大，有效灌溉率偏低。农田有效灌溉程度是衡量耕地利用效率的重要指标，也是土地利用和减灾保收的基础条件。云南水资源分布在西部地区，与其他地区相比较为丰富，但空间分布不均匀，高处田地很难利用低处蓄水资源，只能大量兴修水库支持农业灌溉，对设备依赖度较高。目前，云南省农业水利基础设施薄弱，抗灾能力差。一方面，旱地坡地缺乏水利基础设施，农用排灌柴油机数量远低于全国平均水平，仅能满足云南省四成常用耕地灌溉，多数区域耕地只能依赖降雨，农民自身抗灾能力极其有限，易受旱灾；另一方面，水利基础设施老化，排灌沟渠不畅，雨季易受涝害，虽然历年兴修了一定数量的水库，但随塘泥累积而水层积水逐年变浅，水库可用容量逐年下降，灌溉渠道堵塞不畅，农田缺水问题日益严重。二是现代（大型）机械化程度低。面对劳动力严重短缺现状，农业生产不断趋向机械化，也就是“人退机进”，这样才不会导致农村土地撂荒。目前的机械化呈现出小型机械多大中型机械少、主机（动力机械）多配套农具少、低端产品多高端产品少的“三多三少”特征。农业机械产品相对单一，产品结构不均衡，小型拖拉机等农用运输机械占了90%以上，大型机械化程度低。三是农村现代基础设施落后。先进的基础设施不仅可以提高农业生产率，而且有利于区域间及时交流沟通，从而提高区域整体竞争力，但云南农村基础设施更多支持小规模传统农业。云南省基本做到了村通公路、通电，逐步提高了村通天然气和电子商务配送站点比例。但山区田间道路建设严重滞后，出现了“行路难”的问题，农业机械作业难以进行，农民只能“望机兴叹”。随着农机保有量的增多，加之农机普遍质量不高，多数产品仍是“便宜、能用、易坏”，农机修理量越来越大，“看病难”问题日益突出。

四是农业信息化基础薄弱。云南省农业信息化建设与新形势新任务要求、先进地区发展相比还有很大差距，推进农业信息化发展过程中仍面临不少困难和难题，主要表现在基础设施建设、资源整合、农业信息发布的数量和质量、农业信息网站的点击率和队伍建设等方面存在较大差距，阻碍了云南省农业信息化和农村经济社会的发展进步，与发展数字农业相匹配的信息化设施还有较大差距。

（2）产业优势挖掘不深

高原特色农业产业主要是产业资源特色鲜明、品质优势明显、生产历史悠久的主导产业，是云南省农业产业发展的重要增长极，在全国能展现出独特的云南印象。“十三五”期间，高原特色农业产业特色逐渐凸显，但产业优势仍需深入挖掘。一是特色农业产业产值在云南省产业总值中的占比整体偏低，对云南省产业经济发展贡献度有待提升。高原特色农业是云南省产业发展规划的八大重点产业之一，是云南省产业发展的重中之重，但特色产业总产值占农业总产值的比值偏低，未能充分发挥引领作用。二是部分特色农业产业单产偏低，优质专用原料供给能力有待提高。比如，云南茶园面积位居全国第一，而按照采摘面积算，茶叶单产远低于福建；云南甘蔗单产逐年下降，只有广西同期的八成左右，也低于自然条件和生产模式与云南省相近的泰国、印度的单产水平。三是部分产品市场培育与品牌建设力度不够，产业发展规模过度，而生产加工销售、工贸农一体化协调推进不力。云南省特色农产品“云系”“滇牌”整体品牌效应明显，但主要体现在初级农产品上，而在农产品精深加工和打造“滇牌”上还有很长的路要走。以核桃产业为例，虽然种植面积和产品产量处于全国领先地位，但没有形成公共品牌，核桃乳制品类“六个核桃”以及坚果加工类“三只松鼠”等大品牌均与云南无缘，导致核桃严重滞销；咖啡仅有“后谷”一个知名度较高的品牌，产品市场供销不稳定，价格涨跌幅度较大，市场主体创新能力不强。四是部分产业引领示范作用不突出。云南省特色产业生产基地、加工基地、仓储物流基地建设滞后，科技支撑体系、品牌建设与营销体系、质量控制体系不完整，随外部环境的改变而产生极大波动。比如，食用菌粗放经营模式没有改变，保护与发展矛盾仍然十分突出，加之外来有害物种入侵，使野生食用菌资源量逐年减少，菌种驯化、优良菌种菌株筛选、人工促繁以及应用推广等工作做得不够，从事野生食用菌经营的企业规模较小，人工栽培菌不到总产量的一半，深加工水平也不高；受非洲猪瘟等外部环境因素影响，云南省生猪和牛羊产业产量大幅减少，严重影响了高原山地牧业的稳定发展，“菜篮子”保障工程吃紧。五是特色农业产业企业发展缓慢。从云南省农业龙头企业产业分布来看，仅有生物药、畜牧、蔬菜、花卉、水果、茶叶产业企业年销售收入进入前十强，其他产业企业销售额并不理想；从全国范围来看，入选全国农业产业化龙头企业排行榜的企业数量较少，营业收入超过 100 亿元的农业龙头企业不多。

（3）生产率整体偏低

提高生产率是现代农业发展的本质追求，唯此才能实现解放劳动力和富民惠农的夙愿。云南省在农业产业投入、人才、科技等方面历史欠账较多，农业综合生产能力和比较效益整体较低，农村贫困人口数量和贫困程度仍位居全国前列，农业劳动者、农业生产资料和劳动对象等主要生产要素存在较大提升空间。一是劳动者自身素质整体偏低，保障条件不完善。在云南农业生产经营人员中，仅接受过小学和初中教育的比例高达 80%以上，仅有小学文化程度的占比超过 50%，近 10%的农业生产经营者未上过学，受过农业专业技术培训的仅为 20%左右，且农村留守老人居多，劳动者素质整体不高。二是农业生产资源偏少，土地出土率不高。“土地是财富之母”，土地产出多少反映了生产力的高低。云南谷物单位面积产量仅相当于全国平均水平的 40%左右，与周边省（区、市）如四川、重庆、贵州和广西相比有明显差距。三是农业服务业固定资产投资增长速度逐年下降，云南省农业服务业固定资产投资逐年负增长 5%左右。四是云南农业经济效率和效益整体水平不高的状态没有根本改变。云南省农业产业增加值和总产值的比值与周边省份也有较大差异。云南省农业机械现代化水平不高，一般农具等生产工具过剩，生产技术与方法滞后，农业生产率整体偏低。

（4）科技支撑力不强

科技是第一生产力，高原特色农业现代化发展需要科技大力支撑。云南历来重视发展农业科技，但农业科技贡献率长期低于全国 2~3 个百分点，农业科技论文、专利等衡量农业科技总体创新水平的关键指标均达不到全国平均水平，农业科技创新动力严重不足。一是农业科技研究创新体系还未建立。云南农业科研体制性障碍主要体现在“短、平、快”等小而全的项目重复立项，农业生产过程中迫切需要的适用技术供给短缺，农业科技链与产业链脱节，农业科技成果评价过分强调先进性而缺乏实用性，产前、产中、产后科技力量配置不合理，成果转化率低。农业科研投入有限，科研经费只占农业总产值的 0.35%左右，尤其是县域范围内的科研人才队伍老化情况严重，科技创新能力低下。二是现代农业智库没有充分发挥智囊作用。云南农业智库多停留在理论研究层面，实例分析和定量研究较少，数据样本较小，多为跟踪研究和经验性总结，理论创新不足，有效对策不多；分析方法和研究工具落后，基础研究数据较为薄弱，决策过程理论和证据支撑不够；智库重心多在科研而非决策咨询，缺乏与政府直接沟通的政策谏言渠道，对政府政策咨询的重视程度不够。三是基层农业科技培训效果不佳。培训目标与实际需求存在差距，农民在培训计划制订、实施与评估过程中参与程度低，从而导致培训质量低、效果差；农业科技培训体系不健全，农、科、教之间缺乏有效整合，农业科技培训工作出现被弱化、边缘化趋势，原有的四级农技推广培训网“线断、网破、人散”，农业科技培训工作在乡镇一级失去了同农村、农民之间的桥梁衔接。四是现代农业技术推广缺乏有效性。科研与推广缺乏有效协作，农业科技成果得不到有效转化和推广，很多需要推广的农业科研成果和实用技术没有整合。

（5）产业链不完整

云南省山区面积占全省面积的 94%，人均耕地少，资本、信息、加工、运销能力较差，农业产业组织化程度低。农业耕地地块多、面积小、分布零散、垂直带性分异明显，城镇化率低，规模化经营、农产品加工业以及家庭农场经营能力有限，云南省农业以原材料种植和初步加工输出为主，精深加工不发达，产业附加值低。农业产业链不完整，产业发展支撑体系对经营主体缺乏吸引力，具体表现在以下四个方面：

一是种植业和畜牧业为主体的农业发展格局没有根本改变。种植业和畜牧业产值占农林牧渔业总产值的比重始终保持在85%左右，种植业产值在农林牧渔业总产值中占比长期处于50%左右，产业增加值在农林牧渔业增加值中占比长期处于55%。养殖业中高耗粮的猪禽类占比较高，草食畜牧及渔业优势发挥不足。云南猪肉产量占云南省肉类总产量的75%以上，而同期牛羊肉产量占云南省肉类总产量的比重不足13%。高耗粮猪禽饲养业在养殖业中占主导地位，山地牧业和淡水渔业发展滞后，未能充分发挥云南省饲草饲料资源和淡水资源优势，养殖业集约化水平落后于全国的状况也影响了生产效率和产业效益。

二是林业大资源少，产业的状况没有明显改善，与云南地处全国第二大林区、林地面积和森林面积均排在全国第三位的林业资源大省不相匹配。

三是农业龙头企业整体实力不强，精深加工不发达。农产品加工业横跨农业、工业和服务业三大领域，具有投资少、周期短、效益好的特点。云南具有发展农产品加工业的良好基础，但由于龙头企业整体实力不足、间接融资难、产业链短以及社会化服务体系不健全等，农产品加工业整体落后于全国平均水平。云南省60%以上农业企业以产品初加工和劳动密集型产业为主，农产品加工业总产值与农业总产值远低于全国平均水平。云南省带动型龙头企业不仅数量偏少，而且“小龙多、大龙少”，蔬菜、食用菌、家禽等多处于初级加工或原料直销阶段。

四是农业服务产值占比低，利益联结机制不健全，家庭农场带动作用不强。农业产业服务业占比长期低于全国平均水平，农产品加工业发展滞后，一二三产业缺乏有效合作分工，产业融合发展不充分。

（6）扶持政策落实不到位

云南省委、省政府历来高度重视农业发展，制定了一系列政策制度，政策实施结果与预期目标一致，但与预期效果还有差距。农业扶持政策执行力度不够，农业产业支持和保护体系不健全，具体表现在以下三个方面：

一是长期注重要素投入型导向性政策难以维系。云南农业发展长期依靠政策、物质资源消耗和廉价劳动力等要素投入，实现了农业经济高速度增长，由此造成农业科技创新滞后、劳动者文化程度偏低及客观上农业基础设施建设滞后等不利因素，农业科技贡献率、综合机械化水平长期低于全国平均水平，农业生产主要靠大量要素投入的政策导向没有从根本上转变。

二是长期注重产前环节的生产型导向性政策导致结构失衡。云南农业种植业比重仍然在小幅增长，畜牧业、林业比重呈现曲折增长和波动变化，渔业比重逐步增长，但增长速度较慢，服务业比重变化幅度不大。种植业在农业内部依然占据主导地位，畜牧业次之，林业、渔业、服务业产值低，仍然处于传统农业阶段，农牧结合仍然是农业生产的主要形式，并且农业产业结构单一，产业集聚度不高。纵向上，产业链的延伸增值不够；横向上，一二三产业融合发展差距较大。

三是长期注重国内市场的封闭型导向性政策难以应对全球化趋势。由于长期受国内需求和市场导向影响，产品和生产水平、技术标准更多局限在国内市场，未能充分服务“一带一路”倡议为重点的外向型经济体系，营造外向型农业发展的政策和环境建设滞后，生产、市场、投融资、服务一体化网络体系的政策与技术支撑体系不完善。

（7）共享农业发展成果不全面

共享发展成果是现代农业发展的本质要求，应坚持发展依靠农民、发展为了农民，促进农民收入持续增长。小康不小康，关键看老乡。着力构建机会公平、服务均等、成果普惠的农业发展新体制，让农民生活更有尊严、更加体面。共享农业发展成果不全面具体表现在以下四个方面：

一是农民收入较低，消费能力有限。对广大农民而言，和全国人民一道步入小康社会，最直接的还是实实在在地增加收入。2020 年，云南省农村常住居民人均可支配收入 11902 元，比“十二五”末增加 3660 元，增幅为 44.41%，与全国平均居民人均可支配收入（16021 元）相比，还存在不小的差距。

二是生产过程中“人退机进”难以大规模实现，农民的休闲时间很难增加。

三是农民接受教育机会有限，学历偏低，技能培训机会少，专业技能水平不高。

四是政府对农民的扶持政策和补贴制度往往不连续。“绿箱”补贴规模和范围不够，“黄箱”政策有待调整改进；政府和市场边界不清晰，财政投入不稳定，农业基础设施建设投入比率不高；农业信贷和保险覆盖度不高，农业经营主体“基本险+附加险”的保险产品还不普及，农产品价格波动或遭受自然灾害都让经营主体遭受损失。

4.3.3.3 综合评价值

云南省高原特色现代农业产业链现代化水平的综合评价值 $Z=(0.266, 0.305, 0.267, 0.156, 0.006)\cdot(100, 80, 60, 40, 20)^T=73.38$。对照灰类等级，可以判断云南省高原特色现代农业产业链现代化处于中等偏下水平。

4.3.4 云南省绿色能源产业链现代化测度

4.3.4.1 发展成效

（1）绿色能源发展水平全国领先

围绕打造世界一流“绿色能源牌”战略部署，云南着力提升能源发展质量，深入推进能源体制改革，绿色发展水平持续领先，形成高质量发展新局面。2020 年，云南省能源 18 项技术指标位居全国第一，绿色能源装机占比、发电量占比、交易电量占比、非化石能源占一次能源消费比重及成品油标准 5 项指标均居全国首位且达到世界一流水平。绿色能源装机量省内占比位居全国第一。截至 2020 年底，全省发电装机容量约为 10340.28 万千瓦。其中，水电 7556.17 万千瓦，占全省总装机容量的 73.1%；火电 1510.83 万千瓦，占比为 14.6%；风电 880.64 万千瓦，占比为 8.5%；光伏电 392.65 万千瓦，占比为 3.8%。全省发电装机容量清洁能源（水电、风电、光伏电）占比为 85.4%，较上年提高 1.3 个百分点。清洁能源装机超过 9000 万千瓦，是 2012 年的 2.5 倍，电力供给能力和质量不断提升，绿色能源优势不断扩大。

在云南的电力结构中，水电占有相当大的比重。2022 年，云南水电发电量 3038.82 亿千瓦时，占其总发电量的 71.60%，占全国水电发电量的 22.47%，排名第二，仅次于四川省。云南发电装机容量及增速见图 4.5。

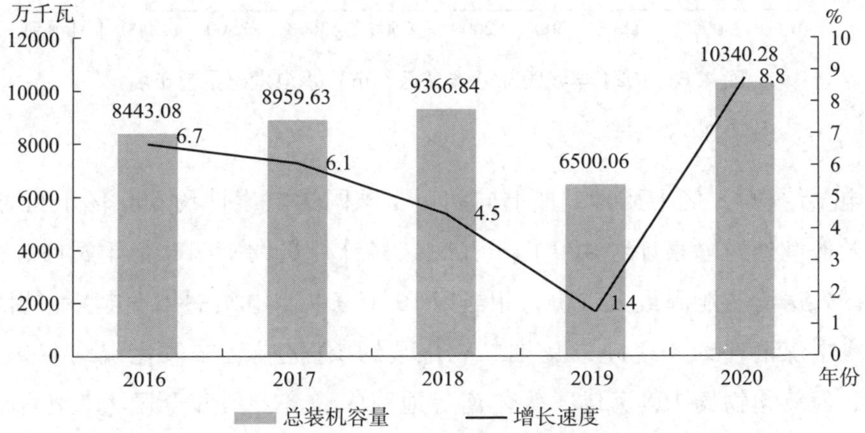

图 4.5　云南发电装机容量及增速

截至 2019 年底，云南省水、风、光清洁能源企业发电量 2942.58 亿千瓦时，占全国总发电量的 18.1%，占云南省总发电量的 90.5%，比全国平均水平高 67.7 个百分点，清洁能源发电量居全国第二位、省内占比居全国第一位；其中，水电发电量 2665.66 亿千瓦时，占全国水电发电量的 23.1%，居全国第二位。2021 年我国部分省（区、市）水电发电量前十名见图 4.6。

外送清洁电力总量位居全国第一。云南是全国第一个“西电东送”省份，发展速度居全国第一位。2019 年，云南省外送电量 1664.04 亿千瓦时[①]，同比增长 5.4%。截至 2019 年底，云南省“西电东送”以来累计

① 含 2019 年送电境外（缅甸、老挝、越南）26 亿千瓦时，同比增长 38.4%。

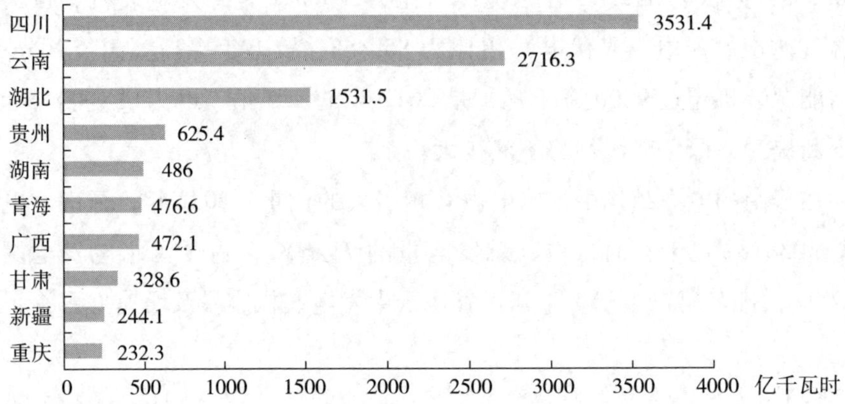

图 4.6 2021 年我国部分省（区、市）水电发电量前十名

注：根据公开数据整理。

送电量约 9648 亿千瓦时，加上向四川、国网送电累计约 650 亿千瓦时，以及向境外送电累计约 400 亿千瓦时，累计外送约 10700 亿千瓦时，是全国外送清洁能源最大省份，相当于 10 个三峡水电站的年发电量，相应减少电煤消耗约 4 亿吨，减排二氧化碳约 10 亿吨、二氧化硫约 800 万吨、氮氧化物约 150 万吨，为华南等地区的经济发展和全国大气污染防治与节能减排作出了巨大贡献。2014—2019 年云南“西电东送”电量见图 4.7。

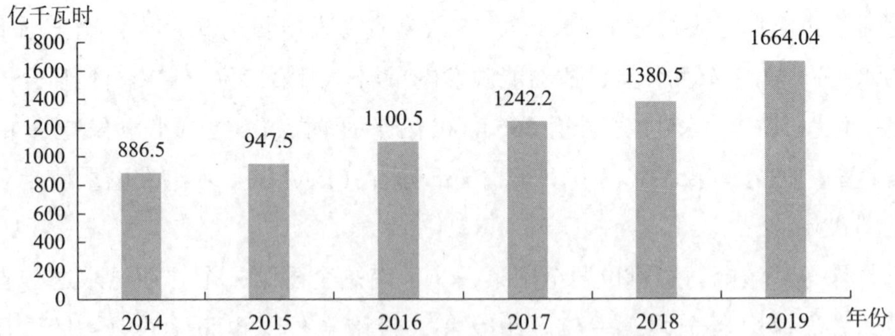

图 4.7 2014—2019 年云南“西电东送”电量

注：根据公开资料整理。

电力市场化水平全国第一。云南是全国电力市场改革排头兵，电力市场化推行力度领跑全国：2014 年，开始探索电力市场化交易，全年成交 178 亿千瓦时；2015 年，成为全国首批电力体制改革综合试点和输配电价改革试点，全年成交 320 亿千瓦时；2016 年，放开全部大工业用户全电量参与市场并率先引入日前电量交易，全年成交 590 亿千瓦时；2017 年，售电公司开始进场交易，全年成交 703 亿千瓦时；2018 年，电力市场设计了连续挂牌、补充双边等交易品种，成交 851 亿千瓦时，约占云南省用电量的 51%，市场化比例为全国最高；2019 年，在全国率先将部分公用事业和公益性行业用户纳入电力市场化交易范畴，在全国率先放开一般工商业用户参与市场交易，参与交易的一般工商业用户超过 15000 户，一般工商业用户参与电力市场化交易电量占比位居全国第一，全年累计成交电量 1045. 38 亿千瓦时，电力市场化交易程度达 59%（见图 4. 8 和图 4. 9），仍位居全国第一，远高于全国 30%的市场化率，为云南省企业降低用电成本 104. 9 亿元，获 2019 年国务院大督查表彰。

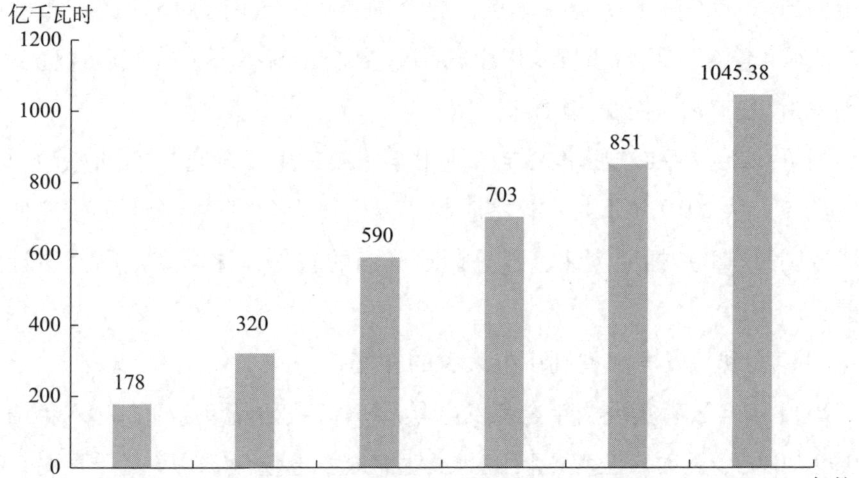

图 4. 8　2014—2019 年云南市场交易电量

注：根据公开资料整理。

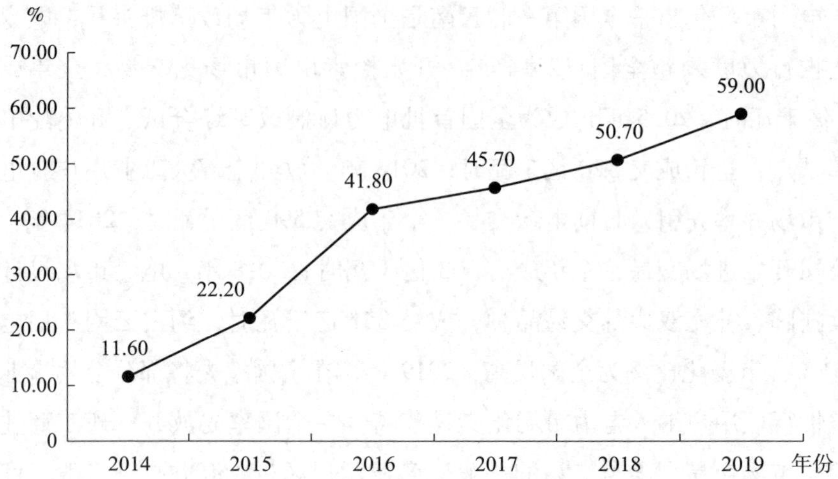

图 4.9 2014—2019 年云南市场化交易电量比例增长态势

注：根据公开资料整理。

非化石能源占一次能源消费比重位居全国第一。2020 年，云南省非化石能源占一次能源消费比重达 42.20%，比 2011 年提高了 13.6 个百分点，高于全国总体水平约 27 个百分点，居全国首位。云南省 16 个州、市政府所在地城市全年未出现重度及以上污染天数，云南省环境空气质量优良天数比率为 98.1%，位列全国第三。

国Ⅵ（B）标准汽油率先推广使用全国第一家。随着中石油炼油项目顺利投产，从 2019 年 1 月 1 日零时起，云南作为全国第一个开始推广使用高清洁国Ⅵ（B）标准汽油、国Ⅵ标准柴油的省份，比国家油品升级计划提前了 4 年。

（2）实现从发电大省到用电大省的转变

2020 年，云南实现全年全部发电量 3451.2 亿千瓦时，比 2019 年增长了 199.30 亿千瓦时；全年规模以上工业完成发电量 3451.17 亿千瓦时，同比增长 5.9%；增速较一季度提高了 20.6 个百分点，较上半年提高了 15.6 个百分点，较前三季度提高了 6.3 个百分点。分品种看，火力发电量完成 409.81 亿千瓦时，同比增长 30.3%；水力发电量完成 2763.45 亿千瓦时，同比增长 3.7%；风力发电量完成 247.55 亿千瓦时，同比增长 0.5%；太阳能发电量完成 30.37 亿千瓦时，同比下降 2.8%。发电量中清洁电力（水电、风电、光伏电）3041.37 亿千瓦时，比重达 88.1%。云南省电力供需基本面由供大于求向供需基本平衡、以外送为主向省内自用为主转变，已实现从发电送电大省向发电用电大省的转变。

（3）终结规模“弃水”历史

随着云南以水电为主的大型电源陆续集中投产，“十三五”初期，云南省水电呈现大量富余的情况。通过加快西电东送通道建设、优化调度运行方式、积极开展电力市场化改革、切实落实西电东送战略、发展绿色载能产业等一系列措施，统筹省内、省外和国外 3 个市场，最大限度消纳云南富余水电，以水电为主的清洁能源消纳越来越充分。从 2016 年最高峰的 314 亿千瓦时到 2019 年的 17 亿千瓦时，云南省弃水电量逐年减少、比重逐年降低（见图 4.10）。可见，云南省电力供需形势发生重大转变，多年来的规模“弃水”历史在云南终结。

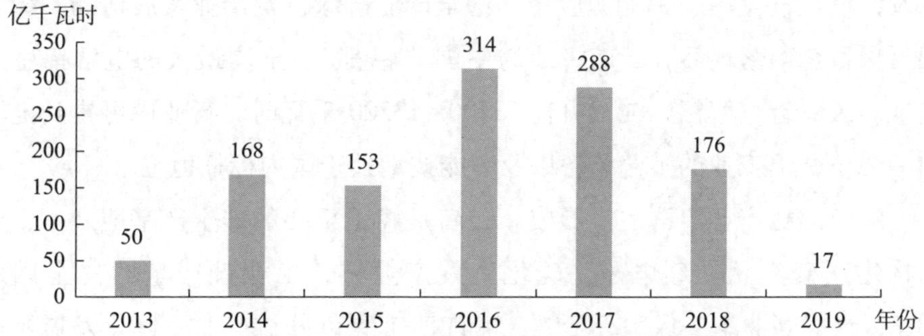

图 4.10　2013—2019 年云南省弃水电量

注：根据公开资料整理。

（4）能源工业已成为云南第一支柱产业

自 2017 年以来，能源工业连续三年成为拉动云南经济增长的第一动能。2017 年，云南省能源工业实现增加值 863.7 亿元，是仅次于烟草产业的第二支柱产业。2018 年，云南电力行业成为第一大拉动力，对云南省规模以上工业增长贡献率为 25%，拉动规模以上工业增长 3.0 个百分点，能源投资支撑云南省固定资产投资增长 9.1%，能源产业增加值增长 16.5%。

2019年，云南省规模以上能源工业完成现价增加值1300亿元以上，可比价增加值同比增长12.2%，能源产业超过烟草产业，跃居云南省工业第一支柱产业，提前一年实现目标。2020年，云南能源产业完成增加值1400亿元以上，跃居第一支柱产业。

（5）水电带动支撑绿色铝硅制造业快速发展

2018年以来，云南省充分利用水电清洁能源优势和硅、铝资源优势，积极推动绿色制造与绿色能源耦合发展，全力打造绿色铝硅先进制造业，一批绿色铝材、硅材一体化项目相继投产运行，云南省以绿色铝材、绿色硅材为主的清洁载能产业布局基本形成。

绿色铝材产业规模全国第一。目前，随着云铝420万吨、魏桥203万吨、云南神火90万吨、云南其亚70万吨等项目在文山、大理、丽江、保山、楚雄等地相继建设和投产，云南省800万吨绿色铝规模基本建成。现阶段，云南已形成涵盖铝土矿、氧化铝、电解铝、铝合金新材料精深加工以及铝电化学应用（铝能源应用）的全产业链绿色铝产业发展格局。绿色铝材项目全部落地后，云南将成为中国“铝都”、全国最大的电解铝生产基地。云南省电解铝厂吨铝电耗13100~13200千瓦时，行业内可排到全国前一二位，铝工业的工艺装备以及节能技术处于国内标杆地位。

绿色硅材产业集群逐步形成。云南是我国重要的硅生产基地之一，着力构建“硅光伏、硅电子、硅化工”产业链，工业硅产量约占全国的23%，已成立曲靖、保山、楚雄、丽江四个绿色硅材产业一体化发展示范基地。2020年底，全省建成工业硅产能99万吨，单晶硅棒产能73吉瓦，单晶硅片产能67吉瓦；建成氧化铝产能160万吨，电解铝产能340万吨，铝合金产能160万吨，铝材产能80万吨，阳极碳素产能90万吨。2020年底，工业硅产量60万吨，单晶硅棒产量40吉瓦，单晶硅片产量26吉瓦，绿色硅材全产业链产值超400亿元；氧化铝产量130万吨，电解铝产量259万吨，铝材产量44万吨，绿色铝材全产业链产值超500亿元。

（6）新能源汽车产业初具规模

产业生态初步形成。云南拥有新能源汽车生产资质企业7家，布局在昆明、曲靖、玉溪、红河、楚雄等州市，纯电动客车、混合动力货车、厢式货车和乘用车等 80 多个车型进入国家公共目录，初步形成了包括整车制造、零部件、基础材料研发生产、新能源汽车城市示范运营、充电设施制造在内的较为完整的新能源汽车产业链。整车方面，航天神州引入全球首项无线充电技术，五龙汽车正致力于打造我国西部地区最先进的新能源客车整车制造基地，北汽瑞丽已超前布局面向南亚、东南亚的新能源汽车整车生产销售产业基地，比亚迪已在玉溪布局城市公共交通新能源汽车推广、智能终端及其他装备制造，北汽新能源布局的新能源汽车生产基地已落户滇中新区嵩明杨林经开区，国能新能源赴曲靖经开区考察拟建项目。目前，云南省北汽昆明新能源汽车项目、东风云汽搬迁技改项目、江铃集团新能源汽车昆明基地项目完成一期建设，规划产能 30 万辆/年。

昆明产业基地已现雏形。昆明市已初步形成以杨林经开区为核心，昆明经开区、海口工业园区、安宁工业园区为辐射发展点的“一核三点”新能源汽车产业发展格局。已累计完成投资 57. 3 亿元，已投产产能约 4. 2 万辆。

产业配套日趋完善。中汽中心高原试验室项目实现试运行；昆明市新能源汽车运营信息管理及服务平台全面上线运营，主要承担昆明市新能源汽车以及充换电基础设施的公共数据采集等工作；云内动力、昆明电机厂、昆明船舶设备集团、昆明理工大学等具备 APU（辅助动力单元）混合动力发动机、纯电动汽车电机、电控系统、电池的研发和生产能力，昆明电机厂生产的电动汽车驱动电机已形成小批量生产规模，云南铜业公司研发的高性能铸铜转子驱动电机、云南冶金集团创能公司研发的铝空气电池、昆明能讯科技研发的交直流混合式充电桩具有一定的市场前景；云南滇凯节能科技、呈达集团、昆明方大春鹰、昆明民族塑料等具备汽车玻璃、车用板簧、汽车挡泥板、装饰板的生产能力；昆明经开区及滇中新区临空产业园、杨林经开区、安宁工业园及已建成的广田衡器、金利马等一批标准厂房可支撑汽车零部件项目快速落地。

（7）绿色能源基础设施日益完善

电网建设不断完善。随着500千伏永昌、荣兴输变电工程建成投产，云南电网已形成500千伏环滇中、滇东、滇南地区，并辐射滇西北、滇东北、滇西南送出区域，220千伏覆盖16个州市，110千伏向乡镇和重点企业供电的完整主网架；已建成8条直流、2条交流输电通道向广东、广西送电，建成13条连接缅甸、老挝、越南三国的电力互联互通线路，呈现“省内交直流并联运行、国内多回直流远距离大容量输电、国外多个方向多个电压等级送受电”的网架特性，成为世界上最复杂的送端大电网之一，外送通道能力达3440万千瓦，形成云电送粤、云电送桂、云贵水火置换、云电送沪等云电外送大格局。

农网建设全面推进。“十三五”以来，云南省以“三区三州”及深度贫困地区为重点，全力推动农村电网改造升级工程建设。2017年，完成了1669个城镇中心村电网改造，实现了云南省贫困村100%通动力电。2018年，完成了小康电示范县、自然村100%通动力电任务。2019年，提前一年完成《云南省“十三五”农村电网建设攻坚工程实施方案》“两率一户”目标，易地扶贫搬迁配套电网全部做到房成电通；农村电网供电可靠率达到99.81%，综合电压合格率达到97.9%，乡村户均配变容量达到2千伏安以上。

天然气设施建设加快推进。2013年，中缅天然气管道建成投产。2017年，中缅原油管道和中石油云南1300万吨/年炼油项目相继建成投产。中缅油气管道成为我国第四大能源战略通道，累计输送原油超过5000万吨，输送天然气超过350亿立方米，中石油云南炼油项目累计加工原油超过5000万吨，生产成品油超过4000万吨，昭通页岩气累计产气超过5亿立方米，云南“缺油少气”的历史彻底改变。2020年，云南省缅、川天然气管道进气18.63亿立方米，较上年供气（15.84亿立方米）增加2.79亿立方米，增长17.6%。

充电基础设施加快布局。2018年，建成“云南电网新能源汽车与充电设施公共服务管理平台”及配套“彩云充”手机App，共接入充电桩6174

台、新能源汽车 8348 辆。截至 2022 年底，昆明累计建成充电站 1193 座、充电桩 78370 枪、换电站 44 座，基本实现全市 139 个乡镇（街道）充电设施“乡乡全覆盖”。

（8）绿色能源科技支撑不断夯实

云南已形成以电力装备和新能源装备制造为核心的能源装备制造产业，在水电、智能电网和新能源等技术领域具备国际领先水平。以高原风机制造、生物质颗粒燃料、生物柴油等为核心的新能源技术的发展应用正深刻改变着云南省能源的面貌。云南铝工业已形成相对完整的“产学研”体系，电解铝综合电耗处于世界领先水平，其烟气二氧化硫平均排放浓度处于国际领先水平。拥有昆明理工大学、昆明有色冶金设计研究院、昆明冶金研究院等一批具有较高技术水平的科研院所，先后组建“高效节能铝电解技术创新战略联盟”“铝镁电解装备产学研创新联盟”“国家铝镁电解装备工程技术研究中心”“云南省铝工业工程研究中心”等技术创新平台，已建立一支专业齐全、结构合理、层次较高的技术人才队伍。云南工业硅科技创新和工艺技术装备水平行业领先，25500 千伏安金属硅大容量电炉冶炼技术运用和生产技术指标在全国领先，电子级多晶硅生产工艺技术全国领先。云芯硅材承担国家、省市研发项目 14 项，申请多晶硅生产专利 21 项。昆明理工大学等机构建有“硅冶金与硅材料省级创新团队”“云南省硅材料工程技术研究中心”“云南省高等学校硅冶金与硅材料工程研究中心”“硅材料国际合作研究室”等研发团队和技术平台。

围绕打造世界一流“绿色能源牌”，加大科技创新支持力度。2018 年，重点支持相关金属新材料研究与开发重大专项，促成了贵金属集团、云南锡业集团等 10 多家单位合作关系；重点支持了稀贵金属领域、先进计算中心建设及关键技术、绿色铝材精深加工及绿色发展关键技术、新能源汽车及配套关键技术等领域项目，初步解决了一批产业化关键核心技术难题并拥有了自主知识产权。云南省智慧能源建设取得重要进展，正大力推进“数字云南”智慧能源建设，已顺利完成内部功能开发。

(9) 绿色能源对外合作不断拓展

目前，在我国与周边国家电力互联互通规划的超（特）高压线路中，云南占5条（共13条），具备率先实现与周边国家互联互通的条件。中越电力联网方案已启动可研；中泰电力联网有望提前实施；中缅电力联网方案即将启动可研，已就汛期送电方案达成初步一致；缅北民生供电工程南邓、果敢项目投运。境外电源合作开发有序推进，老挝色拉龙水电站等在建项目稳步实施；2019商洽会期间，促成签订总投资25亿美元的孟加拉国米尔萨莱燃煤电站合资协议；缅甸达克鞳燃气电站二期力争开工建设；印度尼西亚森巴孔水电站等一批电源合作项目前期工作逐步展开。云南省已实现与缅甸、老挝、越南的局部电力联网贸易。能源对外交流形象展示不断深化，2019商洽会绿色能源馆在滇池国际会展中心成功举办。同时，云贵川渝合作机制升级，云贵互联通道工程获国家核准。

4.3.4.2 存在的主要问题

(1) 电力结构性矛盾突出

电子结构性矛盾突出表现在以下两个方面：

一是电源结构不合理。云南电源结构以水电为主，水电装机占比高达71.4%，风电、光伏发电装机合计占比12.7%且低于火电装机占比。水电最大的问题即丰水期、枯水期电力供应不稳，枯水期需要风电、光伏发电电力进行有效补充，但风电、光伏发电因装机占比低而补充不足。同时，云南省具有调节能力的龙头水库不足，大江大河水电进入集中投产期且调节能力有限，储能电站建设滞后，存在汛期弃水问题，2013年以来，累计“弃水”超过1150亿千瓦时。随着一批绿色铝硅制造项目相继投产，云南省规模弃水问题得以解决。随着后续绿色硅铝制造业项目的推进与产能释放，省内水电供需将由宽平衡状态转为紧平衡状态，在水电开发增长潜力不大、煤电因生态环保问题受限的情况下，极其需要风电、光伏发电等形式的绿色电源及火电的有效补充。

二是电力供求矛盾大。2008—2020年，云南省装机容量从2585万千瓦升至10340万千瓦，年复合增速为12.6%，同期云南省用电增速仅为

7.3%，远低于发电装机增速。2016—2020 年，云南省发电量由 2669.5 亿千瓦时增至 3674 亿千瓦时，年递增 9.1%；用电量则由 1410.52 亿千瓦时增至 1812.04 亿千瓦时，年递增 8.7%，电力生产增速也高于用电增速。2015 年，云南省用电增速出现了改革开放以来的首次负增长。在装机、发电量快速增长和用电增速放缓的双重压力下，云南省自 2013 年起出现弃水弃电，电力过剩抑制了火力发电，火电利用小时数呈逐年下滑态势。火电利用小时数虽由全国最低逐步提升，但 2019 年的绝对值仍很低，火电企业资产负债率较高，平均为 180%左右，经营亏损严重，欠账过久，升级改造、智能化工艺等方面均不足。风电、光伏发电受环境保护、电力富余等影响开发受到限制。因此，省内电力供应丰盈枯缺的矛盾还将存在。

（2）绿色能源基础设施支撑不足

绿色能源基础设施支撑不足表现在以下三个方面：

一是电网布局需进一步优化完善，电源富集区外送通道建设、城市配网建设、农网改造等需进一步加强，滇西北、滇西南、滇东北送出通道输送能力相对滞后，农村配电网建设滞后于城镇化的快速发展和对优质便捷能源的需求。

二是天然气储气设施建设滞后，企业受市场需求有限影响，建设储气设施意愿不强；主城之外县域天然气管网建设普遍滞后，县城区配套和覆盖不足，乡镇和农村近乎空白，普及利用率尚待提高。

三是充电基础设施供给矛盾较大，充电设施选址难、落地难，老旧小区充电桩（站）建设难度较大，区域分布不均衡，利用率冷热不均，受限于南方电网电力报装政策，公用充电场站建设中的电力建设成本高，成为推广普及新能源汽车的短板，制约着绿色能源产业的发展。

（3）绿色能源消费需求不足

绿色能源消费需求不足表现在以下两个方面：

一是我国经济从高速增长迈入中高速增长的新常态，经济逐步下行，全国用电负荷增速缓慢。云南经济下行压力加大，特别是受全球化不断扩展加速的叠加影响，云南省电力消纳空间进一步被挤压，装机规模日益扩大，面临的消纳压力也逐步增大。

二是工业绿色能源消费比重较低，电力占终端能源消费的比例亟待提升。因为环保等政策，钢铁、有色冶金等大量高耗能产业受限，同时，受近年来工业持续下行影响，省内工业企业开工率普遍偏低，市场潜力挖掘困难。此外，燃气管网布局尚未完成，油气管网及储备等基础设施建设任务重，市场培育任务艰巨，城镇居民气化率低。云南省对电力、天然气等绿色能源消纳不足，绿色能源使用效率明显低于全国平均水平，70%以上的绿色能源未能得到充分利用，2019 年，云南下载中缅管道天然气的占比仅为 20. 5%。未来一段时期，云南将会出现电力需求结构不优、煤炭需求小、天然气市场培育滞后的情况，加上受端市场广东、广西装机容量快速增长以及经济增速趋缓的影响，难以进一步消纳更多的富余水电。

（4）绿色能源产业发展亟待提升

绿色能源产业发展亟待提升表现在以下四个方面：

一是新能源汽车产业整体竞争实力不强，整车企业数量偏少，在产销规模和企业知名度上均缺乏行业佼佼者，尤其缺少乘用车和高附加值的汽车产业，整车企业对上下游产业的拉动作用不明显，没有形成集群式的新能源汽车产业链；配套产业链发展缓慢，缺乏新能源汽车的核心——电池产业，动力电池（电芯）企业为空白，缺乏正极材料、铜箔材料、电解液等关键材料产业，驱动电机、电驱动系统、电控系统及相关零部件产业基础薄弱，在其他产业链环节也缺乏具有竞争力的龙头企业。

二是铝产业受环保、供电能力、原料匹配及运输成本、优惠电价落实等因素影响，实际落地过程存在较大不确定性；铝产业链不够完整，碳素和铝材产业较薄弱，铝电解配套的氟化盐生产尚处于空白；精深加工不足，涉铝产品以原材料、初级铝加工等通用型、附加值不高的产品为主，产品种类少，缺乏新产品及高端产品开发能力，缺乏科技项目支撑，产业链向下游延伸不足。

三是硅产业链发展不足，产品种类低端，产业上游企业小而散，下游深加工产品较少，产品附加值低，鱼龙混杂与恶性竞争现象一定程度存在，公平竞争环境有待完善，绿色硅材一体化产业还未形成合力发展的良好格局。

四是绿色能源装备制造业发展不足，企业自主创新能力薄弱，靠老产品、仿造和买技术进行生产，产品科技含量低，附加值低，同构性强，竞争力弱；产业链、产业集群发展滞后，入驻国家级开发区和工业园企业数量不多，绝大部分分散在云南省各地，而且 2/3 以上是规模以下小企业；投入严重不足，多数企业技术改造投入只占销售收入的 0.4%～1%，一些效益差的企业基本没有投入；一些支持电力装备企业发展的政策难以得到有效落实，省内企业及其产品难以进入云南水电、轨道交通建设等重点工程项目。绿色能源装备制造业是云南省绿色能源产业发展中的一大短板，与绿色能源资源大省的地位极不相称。

（5）绿色能源核心技术与人才储备不足

与国内发达省份相比，云南省在绿色能源发展上总体创新驱动不足，绿色能源产业核心技术缺乏，重要的能源装备、核心部件以及控制系统等依靠外部输入。例如，单机 15 万千瓦以上的大中型水电成套设备全部为省外进口，新能源汽车的核心技术——电池及电池管理、整车控制、电机与电机控制等技术不完备，铝材和硅材精深加工及应用、节能环保、高端装备制造等技术仍显不足。云南省绿色能源资源评价、技术标准、产品检测和认证等体系不完善，相关人才缺乏，没有形成支撑绿色能源产业发展的技术服务体系。多数新能源企业高级研发人员和管理、技术类人员占企业员工总人数的比例不足 5%，高层次、规模化的人才培养和引进力度不够，人才结构不合理，制约了云南省能源科技与产业发展。

（6）能源体制机制不完善

能源体制机制不完善表现在以下三个方面：

一是电力体制机制改革亟待突破。电网与电源相对独立，网与厂的发展缺乏统筹规划，形成发展的相互制约与不平衡。电网企业集购输售电于一体、调度交易于一身，过度垄断造成运营效率不高、电网建设滞后、投资建设主体单一，协调省内需求和电网管理体制、定价机制困难，民营资本难以进入。

二是电力市场化价格形成机制有待完善。①在省内电力供过于求的情况下，清洁能源的节能减排价值无法通过市场化的价格体现，火电备用补偿机制现阶段无法通过市场化手段建立，风电、光伏电的优先发电权与购电权难落实。②同质化的电量交易使得价格难以反映不同电源的真实价值，电力市场的交易均为电量交易，不涉及发用电双方的电力曲线，无法通过市场的实时价格反映电源的出力特点，也不能反映电力系统的峰谷分时负荷需求。③由于优先发用电计划的存在，特别是电力用户存在市场化交易价格和目录电价的选择，市场与计划边缘模糊，存在一定的投机空间。④伴随云南省电力供需由宽平衡转为紧平衡，能源“双控”压力增大，供需形势转变对进一步通过电力市场化交易持续降低用户用电成本存在困难，电力市场化交易扩面存在制约。

三是绿色能源产业支持保障体制机制尚不充分。①部门间统筹协调的体制机制有待完善，绿色能源发展涉及部门众多，尚缺乏统一协调、推进和监管的工作机制。②对本地企业的支持和保障机制尚未建立，绿色能源装备制造（电力设备、电缆等）、新能源汽车（分时租赁、网约车、公交车等）、绿色铝硅材等领域受到省外企业的冲击较大。③各州市重视大型、集中式项目，对分布式绿色能源项目的推广和支持不足，企业和民众对分布式绿色能源项目的认知度低、发展意愿不强；在以水能、太阳能、风能和生物能为代表的绿色能源的应用与推广过程中，仍存在较多制度性、技术性障碍，煤炭、石油等传统能源的绿色化仍需较长时间。④一些风电、光伏绿色能源企业对政策补贴的依赖度较高，特别是光伏行业，需要国家补贴才能盈利，但目前补贴资金缺口较大，补贴发放滞后，能源价格与税收制度尚不能反映各类能源的生态环境成本，公平竞争的市场机制尚待建立。⑤云南省能源发展的主动权与话语权依然较弱。云南虽是南方主要产煤区，但受国家宏观调控影响，煤炭优质产能释放慢，对外依存度约为50%，需要大量省外输入。云南虽是风电、光伏发电大省，但风电、光伏发电受调控政策抑制，在水电装机容量新增不多的情况下，随着未来绿色铝硅产业产能释放，不得不与贵州进行“水火互济”。云南省油气全部靠调入，受外部制约较大，中缅原油、天然气更为央企主导，制约了云南一直竭力发展的石油炼化、燃气利用及其他油气后端项目。现行国网、南网的分区分割体制，使得云南大量富余水电主要输往南网所在的广东等区域，而不能输送到国网所在的华东、华中等缺电地区，且在电站留存电量方面地方没有发言权。

（7）国际能源合作存在较大障碍

国际能源合作存在较大障碍表现在以下三个方面：

一是云南周边南亚、东南亚国家多属发展中国家，总体发展较缓，经济结构单一，软硬件设施落后，国内相关制度不健全。部分国家正处于政治、社会转型期，内部政党、地方势力和社会阶层众多，利益需求多样，容易受西方政治思潮及非政府组织的影响；一些国家政府施政缺乏稳定性，能源政策左右摇摆，中方投资安全难以保障，开展能源合作风险较高。

二是当前地方省份在“一带一路”倡议下，主要依赖大型企业特别是央企的力量，尚未形成地方企业与央企的有效合作机制。地方政府希望加强央企和地方企业的合作，实现优势互补，或者带动地方企业参与“一带一路”合作；央企却往往只希望地方政府给予更好的支持，个别央企甚至直接跨过地方政府与周边国家开展涉及地方利益的合作，把地方政府置于被动境地。

三是我国与东盟的能源基础设施互联互通建设，倾向于双边合作的方式以国家为主体展开，尽管云南比不少东盟国家综合体量大，但限于省级行政区身份，开展对外能源合作易受到体制机制等因素影响。

4.3.4.3　综合评价值

云南绿色能源产业链现代化水平的综合评价值 $Z=(0.456, 0.275, 0.207, 0.055, 0.007)\cdot(100, 80, 60, 40, 20)^T=82.36$。对照灰类等级，可以判断云南省绿色能源产业链现代化处于良好水平。

第 5 章

PART 5

产业链现代化国际经验借鉴

当前，全球科技创新正进入多点突破、群体爆发的新阶段，重大变革加速演进的特征日益明显。不断涌现出来的各类颠覆性技术，持续催生出新模式、新业态以及新的经济形式。新一代信息通信技术的快速发展和通用技术属性的显著增强，为打破现有全球产业链格局、推动产业链创新发展提供了强大动力。过去50年的全球发展经验表明，发展中经济体可以采取以通用新技术“换道超车”的形式实现全产业链追赶和跨越式发展。各国在推动产业链现代化方面进行了大量有益探索（见表5.1）。

表5.1　主要国家与产业链现代化相关的工业计划战略

国别	2011年	2012年	2013年	2014年	2015年	2016年	2017年	2018年	2019年
美国	先进制造伙伴计划	先进制造国家战略		振兴先进制造2.0			评估和强化制造国防工业基础及供应链弹性	先进制造领导力战略	
日本	ICT维新发展愿景	日本复兴战略			工业价值链计划		互联工业战略		
德国		高科技行动计划	工业4.0						工业2030
英国		加强制造业供应链政府产业行动	制造业的未来：面临的机遇与挑战		加强制造业供应链政府和产业行动	工业2050			
中国					中国制造2025		“互联网+先进制造业”，发展工业互联网		
印度				印度制造		制造业与互联网融合发展的指导意见			

5.1 美国：重视安全和控制力提升

美国首次提出了产业链供应链的安全与控制方案，并将其作为国家战略实施。美国保持行业领导地位的关键要素之一是实现对行业的持续控制能力和水平。这种对行业的控制一方面表现为对关键核心技术的控制，另一方面表现为对技术链和价值链的控制。美国对产业链的控制强调高端控制、精准控制和持续控制。精准控制是指美国对产业链关键环节的控制非常精准，持续控制意味着美国一直有意识地在开放环境中加强对产业链的控制。美国采用标准规则优先、基础能力管控、价值单元链管控、平台软件支撑、创新生态驱动五种模式，支撑美国高端领导力，保持产业链精准持续管控。

在产业控制力方面，美国主要做到了以下几点：一是将标准规则放在第一位。对国家重点发展的产业，强调从源头引领和控制技术进步的方向，在此基础上做到对整个产业链的控制。美国企业在研发、知识产权、标准、战略方面一直走在世界前列，而且这四者通过联动机制变成行业规则，形成技术壁垒。企业扮演了“引链者”的角色，通过标准规则从源头主导和控制技术进步的方向与节奏，进而控制产业链的发展，也就是我们看到的“美国企业先行、他国企业跟随”的现象。以美国国家标准协会（ANSI）为主导的美国标准体系，以市场为导向，制定了超过 10 万个标准，且大多被批准为国标。美国非常善于将专利标准化，这样形成的技术壁垒会更加坚固，而且通过技术授权、认证许可能够产生非常大的规模效应。最典型的就是高通。高通一直在主要芯片标准方面处于领先地位，有时甚至占据主导地位，其利润中很大一部分来源于技术授权。二是对基础能力的控制。美国虽然实施了多年的外包战略，服装、电子、家电、机械甚至是军工等产业价值链上的生产、装配等环节都实现了全球布局，但美国企业在关键零部件、关键材料、关键工艺、关键软件等工业基础能力方面仍然是世界一流，掌握着机械、电子等领域的关键零部件和工艺的研发、制造技术，甚至在某些领域能凭借对关键零部件和工艺技术的掌控来牵制整个产业链的布局，这里企业充当了“布链者”的角色，即以基础制造能力布局产业链关键单点。三是价值单元链控制。美国在重视基础制造能力的基础上，实施价值单元链控制，形成创新闭环，基于客户需求进行交流，从而在产业运营方面形成了良性竞争。美国半导体协会（SIA）曾在一篇报告中提出，“一家典型美国半导体公司的芯片生产流程，一般情况下需要环绕全球 4 个以上的国家、4 个以上的州/市，总行程超过 25000 公里”，也就是环绕地球超过半圈，而且“有 50%的 IDM 企业集中在美国，有 62%的芯片设计企业主要在美国，有 47%的半导体设备由美国提供，有 30%的半导体材料由美国提供”。也就是说，美国在半导体等代表性高端产业中拥有全产业价值单元的链式布防。四是平台软件支持。美国公司在工业软件领域有很强的控制力。成熟的软件环境给美国公司带来了数据优势，进而推动检测能力水平提升，这是一个积极的迭代过程。美国企业通过产业互联，即产业技术平台化，助推制造业产业链与各个服务环节由原来的分离实现制造服务的一体化，并助力产业链的延伸。五是以创新生态为驱动。美国的不同集群在集群内部和各个集群的合作中，既形成了良好的创新网络，又具有了精益生产的水平，进而使创新链日趋完整，推动创新型产品的发展，带动新业态的形成。此外，美国对涉及安全的重要领域关键核心产品的供应非常关注：建立了严格的供应链手册，以应对和防止产品供应链被入侵；分别制定了《药品供应链安全法案》《全球供应链安全国家战略》《评估和加强制造业和国防工业基础设施和供应链弹性》，提出持续增强产品和服务供应链弹性的计划。

综上所述，安全和效率是美国供应链战略的核心。为实现国家全球供应链稳定性与安全性兼具的战略要求，美国不断加强对全球供应链系统的风险识别和评估，以及交通基础设施建设，以推动信息共享和智能供应链发展，并不断完善国内标准和法律法规，推动全球供应链治理结构调整，特别是贸易便利化和区域经济合作，以加强全球资源整合。

5.2 日本：重视工业基础能力提升

在现代制造业的形成过程中，日本多采用小规模、劳动密集型的技术创新。在与欧美国家经济差距较大的情况下，日本制定和实施《外资法》，鼓励企业引进先进外国技术。在经济高速增长时期，日本引进的外国技术成倍增长。企业根据实际情况对这些技术加以改良和创新，并生产出更加满足市场需求的产品，从而缩短了日本赶超欧美国家的进程。经济合作与发展组织的一项研究表明，20 世纪 60 年代到 80 年代中期，日本经济增速高于美国的主要原因便是技术进步。随着经济实力逐渐增强、技术水平不断提高，日本技术引进的效应逐渐消失，技术发展模式开始向自主研发转变。技术创新和成果产业化，往往意味着产品附加值、性能等的进一步提升。但是，如果在生产制造的过程中不能保证产品质量，就很难实现创新的初衷。在江户时代，日本便形成了“工匠精神”，内含敬业、专注、精益等文化力量。这一精神的发展和传承，促进了日本制造业的高质量发展，使“日本产品”成为高质量的代名词。

终身雇佣制、年功序列制是战后日本企业经营体制的重要支柱。企业因雇佣关系稳定而倾向于对员工进行长期投资，培养和提高其知识储备、现场技能及综合素质。企业管理人员通常从基层干起，因经历过岗位轮流和逐层晋升，对基层比较了解，会针对实际情况采取切实对策。可以说，“从现场出发”是日本制造业形成国际竞争优势的一个关键要素。企业通过附加在商品上的服务，深入现场对客户需求进行及时追踪和把握，研判市场供需变化。此外，日本企业注重构建长期稳定的协作关系，例如：大企业周围聚集了众多中小企业，为其生产和提供零部件、原材料；大企业与中小企业分工协作，形成上下游产业链，实现共同发展。随着日本经济形势变化、结构改革不断推进、政府大力推动地方经济振兴，越来越多的中小企业进入新兴领域，制造业大企业与中小企业之间的协作关系出现松动态势。日本针对早期供应链零库存的高效率会在外界环境发展变化时造成供应链断裂的弊端，致使产业下游厂商减产或停产。后来，日本反思了这种模式的不足并积极改进。日本制造的优势条件是擅于控制中间产品并拥有全球领先的材料和制造产业集群。日本企业针对全球产业链薄弱环节精益求精，专注其他企业无法生产制造的产品，在一些核心关键部件和材料领域占有较大的市场份额。

日本产业链强调长期合作伙伴关系，供应链合作相对稳定，供应商数量较少，追求最小化的库存成本。日本供应链体系完整、合作紧密，即使是对外转移加工制造环节，与之配套的供应商也大部分是日资企业，从而形成日本制造的整体优势。这种产业链关系虽然能够极大程度地提升供应链运行效率、降低成本，但也直接导致了供应链弹性不足，灵活性有待增强，在全球供应链调整中的应变能力不足。日本颁布了《机械工业振兴暂行措施法》《电子工业振兴暂行措施法》《飞机工业振兴法》等法律法规，持续推进基础产业能力和产业结构优化升级。此外，鼓励企业和科研机构加强与科研组织在材料研究及零部件制造方面的合作。近年来，日本制造业产业链在硅晶圆、模压树脂、键合引线、光刻胶等全球半导体重要原材料市场上占据了 52%的全球市场份额，在芯片制造的 15 类关键设备中平均占据 40%的全球市场份额，最高的达到 98%，涌现信越、日立化学、住友电木等一批领军企业。可见，日本制造业的产业链思维有两大特点：一是掌控产业链上游的核心技术，二是掌控产业链上游原材料的战略资源。日本还制定了一系列促进工业基础产业发展的政策措施和计划。

5.3　英国和德国：重视绿色柔性智能制造

英国政府认为，本国供应链运输、人力等成本与新兴国家间的差距难以缩小，增强供应链创新能力、提高服务质量才能更大限度地支持制造业发展，获得竞争优势。因此，英国主要针对制造业供应链技术创新、网络拓展、融资渠道畅通和中小企业供应商的能力建设，提出具体改进措施。为适应高端制造业发展需要，还从供应链协同发展和韧性建设等方面，制定了详细的行动方案。1965 年，英国莫林斯公司提出柔性生产的概念。当时，市场繁荣，竞争激烈，制造业需要更先进的生产方式来满足日益增长的生产要求，柔性生产便应运而生。供应链是英国实施的“英国先进制造战略”“英国工业 2050”等国家战略的重要组成部分。政府分别从搭建中小企业供应链服务平台、提供专业专家咨询服务、设置地区业务增长中心等方面，制定了 10 余项措施，扶持高潜力供应链中小企业发展。2015 年，英国发布了《加强英国制造业供应链政府和行业行动计划》，从此，提高制造业供应链竞争力上升为国家战略，并配备了若干政策措施。比如：继续推进数字化和智能化，提升工业制造业的技术创新水平；支持科技咨询服务与制造类企业建立协同合作关系，引导供应链上中下游参与企业联合攻关工艺技术等。为推动供应链与制造业协同发展，政府从整合业务资源、设立协同发展基金、建立合作交流机制及试点等方面制定了多项方案。推动供应链各级主体加强业务需求沟通。举办“供应商-客户见面”活动、产品需求及采购研讨会，强化供应链企业对业务机遇的预判意识和敏感度，从供应商服务技能、信心以及支持投资决策等方面提出具体行动计划。加大供应链协作资金扶持力度。设置协同供应链合作基金，支持海外制造业供应链业务回归、巩固和增长，建立线上合作交流平台，创新不同供应商的交流方式。鼓励供应链协同发展成功经验共享。政府部门鼓励各行业、企业分享供应链协作业务成功经验，根据各行业具体实践案例，出版并在全国推广《增强英国供应链：行业和政府的良好实践》一书，促进跨部门、跨产业交流与合作。以公共设施共同采购为试点推进全社会共同采购进程。提高政府公共采购全社会参与度，降低中小企业准入门槛。建立小企业研究协会（SBRI），为初创企业和中小型企业提供面向政府客户等的公共竞标平台。

智能制造是一项长期的、渐进的、持续改进的系统工程。德国高度重视经济可持续发展，其产业链优化政策致力于构建绿色供应链，实现环境保护与资源节约。1994 年，德国颁布了《循环经济与废物管理法》，明确了生产者对产品生产、消费、回收、最终无害化处理的全生命周期管理责任。在《德国采购法》《电子电气设备法》等法律法规中，德国通过环境标志认证和信息公开制度推动了国内供应链的绿色化。2016 年，德国出台了《德国可持续发展战略》，推动设立可持续发展专项基金，构建绿色可持续的供应链。此外，随着人工智能、大数据、云计算等现代信息技术的广泛应用，德国积极推动工业供应链的智能化和信息化。比如，德国工业 4.0 战略提出，在制造业中实施物联网和服务，通过构造横向集成、垂直集成和数字化集成的系统创新体系，满足用户的个性化需求，提升工作流程的灵活性，促进决策优化并创造新的价值，提升产业链的柔性化、智能化、网络化水平。德国是汽车制造业和汽车配件工业强国，高档汽车占据全球市场的 70%。德国的汽车工业之所以能在全球占据优势地位，是因为德国在核心产业链设备制造上的强大：一是注重汽车的研发和制造，在资金和人才方面投入巨大。二是机械设备的制造范围广。在机械设备业 32 个细分领域中，德国在 16 个领域世界出口排名第一。德国的机械设备制造企业不仅分布于汽车制造领域，还分布在钢铁、化工和自动化领域。三是制造企业的研发质量高。企业作为制造业的创新主体，需要不断创新产品与技术来保持市场竞争力，且将基础科学和现代科技发展结合起来。基础科学能够将转化科学、应用科学相结合，并促进其他领域的研究和创新。四是制造企业间的配合度强。在汽车行业，汽车厂与上游供应链建立了牢固的关系，能够准确得到需求信息；同时，与下游保持紧密联系，将生产出来的汽车分销到各地。这样，不仅有利于增强企业竞争优势，而且有助于提升产业链整体水平。

5.4　经验与启示

主要发达国家和地区采取了多种方式与手段促进产业链现代化水平的持续提升，为云南省推进产业链现代化提供了有益的经验借鉴。

5.4.1　注重顶层设计和规划牵引

美国建国之初，从汉密尔顿的《制造业报告》出台就开始制定各类产业政策，为有关企业营造良好的政策环境空间。以蒸汽机发明为代表的工业革命以来，所有发达国家的发展均以制造业为基础，全方位的服务业则为发达国家进入后工业时代保驾护航，实现了继续控制全球产业链的目标。美国通过制订和实施战略性个人计划，推动工业技术水平在世界保持领先地位。阿波罗等重大战略计划有效带动了美国半导体、新材料等新兴产业的蓬勃发展。20世纪90年代的先进制造计划，使众多关键核心技术、工艺软件被推广应用到美国的多个行业领域。同期，美国提出了技术预见和技术路线图等产业技术顶层设计方式方法。美国工业在使用远见和路线图来指导工业技术的改进方面有着丰富的经验。

5.4.2 注重发挥企业主体作用

企业作为产业链的基本单元，在技术创新和产业竞争力提升方面发挥着不可替代的主体作用。推进产业链现代化水平的提升，一定是以企业为主体展开的。20世纪70年代后期，日本整合日立、富士通等知名企业资源，筹资700多亿日元，实施了超大规模集成电路计划。该集成电路于1980年建成，不仅直接推动了日本集成电路产业的发展，而且其溢出效应增强了日本产业的整体竞争力。在此期间，共同研究机构和联盟的形成发挥了重要作用。同期，美国为有效应对日本在半导体领域的竞争和挑战，成立了由14家企业加入的半导体制造技术联盟，协同开展半导体领域的共性关键技术攻坚，取得了显著成效。2012年，美国先后成立了一批制造业创新研究所，致力于实现再工业化。英国也成立了与材料和工艺等领域相关的多个技术创新研究中心，为相关企业提供技术创新服务，加速科技成果转化。美国、英国等成立的上述创新联盟和平台在解决行业关键问题方面发挥了重要作用，有效提升了产业链现代化水平。

5.4.3 注重多元资金高强度投入

单纯依靠政府或单一企业无法承受提升产业链现代化水平的成本和压力。20世纪90年代中后期，韩国政府在通信技术、半导体等领域每年投入数亿美元扶持电子信息产业发展。韩国政府通过银行授信等方式，提供充足资金扶持三星等龙头企业开展“半导体逆周期”投资，不断提升其竞争优势，将竞争对手逐步挤出韩国市场。日本中小企业数量约占企业总数的 99%，是日本制造业发展的中坚力量，也是日本技术创新的主要阵地。相对于大企业而言，中小企业规模小，在融资、吸引人才、技术开发、产品进入市场等方面处于劣势地位。为扶持其发展，日本采取了诸多措施，如：成立中小企业金融公库（2008 年改组为日本政策金融公库）、国民生活金融公库（2008 年改组为日本政策金融公库）、商工组合中央金库等政策性金融机构，为中小企业提供不同期限的低息贷款；组建中小企业信用担保协会、中小企业信用保险公库，为中小企业申请贷款提供担保。

5.4.4　注重制度创新和政策保障

为不断巩固产业基础能力，发达国家通过制定法律法规建立制度保障机制，并通过政策给予专项支持。美国 20 世纪 90 年代颁布的《高性能计算法案》和 2009 年颁布的《美国制造业促进法》，对其在高性能计算领域保持领先地位发挥了巨大作用，使其能够有效应对金融危机带来的风险和挑战。《联邦采购法》《出口管理条例》等一系列制度文件，限制了关键零部件及核心技术的出口，为 IBM、德州仪器等信息产业提供了良好的政策环境和发展空间。为扶持本国通用基础部件、机床等设备的开发与推广，日本政府于 1956 年出台了《机械工业振兴临时措施法》，同时为鼓励电子工业产业发展，制定了《电子产业振兴临时措施法》，为电子领域有关企业提供贷款、进出口等方面的优惠措施。进入 21 世纪以后，“Focus21 技术研发计划”围绕生命科学、信息通信、环境、纳米技术和材料四大领域实施，“超级智能社会 5.0”旨在利用数字技术解决日本经济社会可持续发展的关键问题，不仅要提升核心产业竞争力，还要实现国民生活智能化，从衣、食、住、行各方面提升生活便捷性，同时提高灾害的防御和应对能力等。发达国家高度重视产业创新人才的培引工作，通过提升技能人才的综合素质提高产品质量。比如，德国制造就得益于双元制职业教育为其培育的高质量产业工人。

5.4.5 注重打造国际化生态系统

技术成熟度有不同的评估系统，美国主要采用从 1 到 10 多个等级层次的“制造就绪指数”。其中，“就绪”是指该领域的技术成熟度高、质量稳定，已经达到规模化生产的标准和要求。该指数可以相对量化地衡量某一行业的产业基础能力。德国通过促进技术开发商、制造商和用户的参与来实施“高科技 2020 战略”。发达国家和跨国公司重视技术专利和专利标准化，凭借丰富的产业化和国际化经验，关注产业技术生态圈，在全球布局中搭建进入壁垒，从而实现了对整个产业的掌控。以手机制造为例，荷兰 ASML 公司控制着手机核心制造装备高端光刻机，英国 ARM 公司主导着芯片架构设计领域，全球大部分手机芯片市场则被高通公司占领，手机操作系统方面，谷歌为市场供应安卓操作系统。

第 6 章

PART 6

推进云南产业链现代化的对策建议

云南省实现高质量跨越发展离不开产业链现代化的助力和赋能，推进云南省产业链现代化可从以下几个方面开展工作。

6.1　以责任落实为根本，建立产业链高位推进机制

6.1.1　推行产业链链长制

参照浙江、广西、湖南等地的做法，围绕云南省八大重点产业及“三张牌”，选择一批具有特色优势、较好产业基础、较大产业规模、较全链条体系、较强市场前景以及龙头带动作用明显的重点产业链，明确产业链链长，不断打造具有国际影响力、竞争力强、产出效益高、发展潜力足、辐射动力大的高能产业链，推动云南省产业迈向中高端。产业链链长可以由云南省发展改革委、工业和信息化厅、科技厅、农业农村厅、商务厅等省级部门相关负责同志担任，同步组建技术专家、管理专家、相关部门协同参与的产业链服务团，定期或不定期召开产业链链长交流会议，提供要素保障、技术咨询、科技攻关等一系列服务。

作为链长的职能部门需发挥串联作用，围绕负责的重点产业凝练发展目标，协同解决产业发展中存在的问题。针对产业链空缺或薄弱环节，牵头制定产业链图谱以及招商引资地图，以重大项目为载体开展补链强链招商引资专项工程，组织产业重大推介和论坛等活动。创建产业链企业交流沟通平台，建立产业发展问题反馈渠道，对产业链企业自身发展、科技攻关、人才引进等重大事项进行统筹。会同产业链相关部门，在充分听取龙头企业意见建议的基础上，以问题为导向，研究制定支持所属产业发展的政策措施。对超出职能职责范围的重大问题，及时向有关上级部门和领导汇报，努力寻求解决方案。

6.1.2 出台支持产业链现代化的产业政策

要聚焦关键技术，坚持问题导向和目标导向，针对具体产业及具体问题制定匹配度较高的产业政策，做到“一链一策”。强化政策引导，从云南省八大重点产业及“三张牌”的产业特殊性寻找突破口，规避企业利用政策套取叠加红利的行为。

6.1.2.1 完善产业政策体系

一是研究制定《云南省产业链现代化提升行动方案》，遵循市场导向和产业发展规律，立足产权制度改革，构建更完善、更有效、更科学的要素市场化配置体系，深入推进“放管服”改革，持续推进政府职能转变，推动产业政策由差异化、选择性转向普惠化、功能性。

二是积极探索和创新新兴产业监管模式，针对新产品、新业态和新模式的不同特点和发展趋势，分别采取量身定制、鼓励包容、坚持取缔等监管方式，营造鼓励新兴产业发展的良好政策环境。同时，对具有较大潜在风险、可能造成不良社会后果的新兴产业，必须加强动态跟踪监管。

三是优化制造业重大项目规划布局，持续推进“主体集中、区域集聚”，引导地方因地制宜打造特色优势产业，探索实行以负面清单为主、鼓励目录为辅的产业政策，持续提高产业政策的精准性，建立健全促进一体化融合发展的产业政策体系。建立产业用地总量保护制度，强化产业空间布局与用地保障。围绕产业链现代化发展目标及重点方向，进一步明确主导产业，结合各类制造业园区发展基础，避免同类竞争，提倡错位发展、互补发展、联动发展以及集约化发展。

6.1.2.2 建立公平竞争的市场环境

产业链现代化水平的提升离不开公平竞争的市场环境的打造，必须打破行政垄断，破除阻碍产业发展的地方保护主义，降低行业准入门槛，为产业链链条上各种类型企业提供平等获取有关创新资源的发展环境，促进形成优胜劣汰的竞争机制，并为各类企业提供公平参与市场竞争的机会。

加快建立完善创新导向的普惠性政策，对新产品、新模式和新产业，允许先行先试，为创新企业疏通市场渠道。加强市场信用体系建设，按照市场化、法治化、国际化要求，全面深化“放管服”改革，提升营商环境，着力破解吸引外资的盲点、痛点、难点问题。

6.1.2.3　完善人才政策

推进产业链现代化，促进制造业高质量发展的关键在于夯实人才基础。探索依托产业链现代化重大工程项目，分产业、分区域、分类型建设一批创新型人才培养示范基地，为产业链现代化源源不断地输入科技创新创业人才。健全符合科研规律的科技管理体制和政策体系，鼓励和引导企业采取股权等方式调动科研人员的工作积极性和创新主动性。设立制造业人才专项资金，加强对高层次人才在云南居住、医疗社保等方面的政策落实和服务，吸引优秀人才进入制造业，重点引进集成电路、光电子、智能硬件、云计算、大数据、人工智能、智能制造等领域的国内院士、国家最高科技技术奖获得者等技术人才。积极探索设立海外引智工作站，围绕重点产业产业链现代化核心需求，搭建创新创业综合服务平台，在创业资助措施等方面出台更有针对性的有助于出国留学人员来滇创新创业的举措。聚焦各类创新型企业、科技型企业以及上市企业，精准定位云南产业链现代化需求，建立企业家数据库，依托省内外知名高等学府、知名跨国公司和其他专业培训机构，建立培训网络，实施企业经营管理人才素质提升工程。健全多层次激发和保护企业家精神的长效机制，构建新时代亲清新型政商关系，树立企业家先进典型，宣传优秀企业家精神，积极引进优秀经营管理者，培育一支在营销策划、资本运作、财务核算、国际法律等方面有建树的职业经理人队伍。支持昆明理工大学等高校建成有特色的制造业相关专业学院。支持有条件的高校与企业联合举办针对性强的试点学院（班）。探索推行高校、职校教师和企业工程师共同指导培养学生的双导师制度，制定配套措施和优惠条件。按照制造业的用人标准实施校企联合跨专业培养工程型人才，加强高技能产业紧缺人才培养，打造新时代制造业产业工人队伍。

6.1.2.4 加强政策协调机制

一是建立云南产业链现代化联席会议制度，加强工作沟通和政策协调，避免相关政策碎片化。针对八大重点产业链存在的问题，适时开展产业发展状况评估以及产业新技术、新趋势的前瞻性课题研究。建立产业链现代化高端专家智库，在制定产业链现代化有关政策文件时积极听取有关企业的意见建议。二是建立健全“链长负责制”工作体制。产业链“稳链”“强链”工作范围往往跨企业、跨行业、跨区域，必须由各级政府主要领导亲自挂帅、统一指挥，才能协调方方面面，集聚和优化资源及要素系统配置。省、市、县（区）链长应由主要领导担任，政府相关部门负责人、产业链龙头公司董事长和专家任副链长，各级工信部门负责人担任办公室主任，工信部门负责区域“稳链”“强链”工作总协调，政府相关部门和龙头公司则作为对口产业链牵头单位。重视企业家在“链长负责制”工作中的主体作用。企业是产业链的主体，龙头企业是产业链的轴心，链长制是要让产业链中的企业做强做大，而不是政府的政绩工程。在实施链长制、做好产业链“稳链”“强链”工作的过程中，要重视培育和发扬工匠精神，重视发挥企业家的主体作用，重视调动企业的主动性、积极性和创造性。

6.1.3 提升产业链风险防范能力

建立产业链常态化风险监测评价机制，科学评估重点产业领域的国际供应体系风险，建立风险防范体系，不断提高产业链风险防范能力以及弹性化管理水平。

6.2 以夯实基础为目标，提升产业链价值高端化水平

聚焦八大重点产业高质量发展，强化省级财政资金统筹力度，设立产业链现代化重大专项，实施一批牵一发而动全身的产业链现代化重大项目，通过产业协同创新和产业融合，深挖与省内外企业合作潜力，积极获

取产业资源，科学规划、有序选择省域范围战略性新兴产业培育路径及传统产业转化升级路径。大力发展新兴制造业，强化生产性服务业支撑，加速构建“传统产业+支柱产业+新兴产业”迭代高能级产业体系。

6.2.1　转型升级传统产业

紧扣制造业高质量发展要求，坚决淘汰落后产能、化解过剩产能，深入实施新型工业化示范工程、产业基础再造工程、质量品牌提升工程和服务型制造工程，持续提高全要素生产率。推进产业融合，加快推进传统制造业向产业价值链中高端升级。坚持高端化、绿色化、集约化，大力支持生物医药、信息、新材料、先进装备制造、食品与消费品制造等重点产业发展，提升科技创新能力，使更多产品和技术达到国际领先水平；同时加大招商引资工作力度，围绕产业链“建链”“补链”“强链”，大力实施产业链企业培育和引进，紧盯世界500强企业、行业隐形冠军企业，积极推动重点产业重大项目的落地。以打造“绿色能源牌”为引领，加快推进水电铝材、水电硅材一体化建设，打造全产业链制造业群体。

6.2.2　大力发展新兴和前沿产业

牢牢抓住科技革命和产业变革演进趋势，瞄准价值链、产业链，构筑技术、产业、应用互动融合的制造业新生态系统，持续提升产业链现代化水平。加快智能电网建设，推进先进储能、氢能研究及应用，在能源生产消费、传输和再利用等环节发展新业态、新模式，推动能源产业由单一型向综合型转变，有效带动电力装备、新能源装备等高端装备制造业加快发展。依托“绿色食品牌”，推进食品类加工制造业、生物医药制造业及农业机械制造业发展。加快建设形成新一代信息技术及应用、高端装备、人工智能、工业互联网、机器人、量子通信、增材制造、节能环保、新能源新材料、智能网联汽车等一批主导产业集群，实现云南省制造业中新兴产业占比达60%以上。推动数字产业化，大力推进公共云服务、高速宽带、智慧旅游、智慧城市、智慧服务、数字乡村等建设，在有关州、市建立物联网示范基地。积极探索重大基础设施建设、主导产业发展、人才培引、产业融合发展等领域的机制创新，打造创新创业、特色产业集聚以及创新转化应用等策源地、集聚区和示范区。

6.2.3 强化生产性服务业支撑

要深入贯彻落实《关于推动先进制造业和现代服务业深度融合发展的实施意见》（发改产业〔2019〕1762号），激发新型通用技术活力，使其更好地发挥引领和带动作用，在智能制造等领域加快培育和发展新业态与新模式，推动现代服务业更好地服务先进制造业，促使两者实现深度融合。围绕先进制造业重点领域，以云内动力、云天化、昆钢等骨干企业为依托，加快工业互联网创新应用，推进建设智能工厂。制定实施“互联网+生产性服务业”行动方案，在大宗商品交易、物流、网络工业设计等领域大力打造各类转化网络平台。

6.3 以自主可控为核心，提升产业链技术创新化水平

顺应新一轮科技革命和产业变革大趋势，立足未来产业发展制高点，加快构建创新水平与国际同步、研发活力与国际融合、体制机制与国际接轨的现代产业和科技协同的创新体系，使云南省科技与产业紧密结合、科技创新与产业创新协同有序、成果转化与产业升级衔接高效，成为制造业原创性、应用性技术的重要策源地和转化高地，高端人才、高成长性企业和高附加值产业的重要集聚地，全国制造业科技创新网络的重要节点，在新一轮科技革命和制造业变革中争得一席之地。准确把握新发展阶段的新机遇与新挑战，紧盯科技前沿和创新趋势，提升产业链技术创新水平。

6.3.1 以产业链为主线识别关键技术

一是围绕云南省八大重点产业和“三张牌”等行业领域产业基础能力的薄弱环节，做好顶层设计。产业链现代化要以产业链分析为主，加大对产业微观关联性的观察力度。二是充分发挥行业协会作用，全面了解和掌

握主要行业缺失的重要关键技术及真实难点。云南省科技厅、工业和信息化厅、发展改革委等有关部门要设立产业链调查专项，普查产业链现代化缺失的技术性和非技术性难题，识别出八大重点产业领域的技术差距和关键技术所在，然后围绕真问题，提出相关命题。三是围绕关键核心技术滚动编制关键核心技术及产品攻关清单，开展前沿引领技术、关键共性技术、重大产业技术等创新研究，提升产业链核心技术自给水平。

6.3.2　构建新型创新体系

深入实施创新驱动发展战略，加快形成从基础研究、应用研究、关键技术攻关到成果转化、产业化示范等环节完善的新型创新体系。聚焦工业云制造、新能源及智能网联汽车、生物医药与高端医疗器械、机器人及智能装备、增材制造等领域，推动组建产业技术创新联盟，鼓励企业和社会资本参与发展市场化新型研发机构，建设国家、省、市、县四级制造业创新中心体系。加快推进实验室、中试和验证平台、产业创新平台、公共检验检测服务平台等创新服务体系集聚发展，加快科技基础设施和创新平台建设，争取国家支持建设一批国家级创新平台，搭建一批对云南省产业及区域发展具有引领带动作用的高层次公共创新服务平台。健全以企业为主体、市场为导向、产学研深度融合的创新体系，鼓励龙头企业联合高校、科研院所和上下游配套企业建设产业技术研究院所，确定一批重点骨干企业建设高水平的企业技术中心、工程（技术）研究中心、重点实验室、工程实验室等研发机构，采取政府支持、股权合作、成果共享的市场化运作模式，支持产业链龙头企业联合上下游，整合创新资源要素，组建“企业+联盟”协同创新的制造业创新中心，探索产学研合作新机制，依托互联网打造开放共享的创新机制和创新平台，推动企业、科研机构、高校、实验室、创客以及技术、人才、信息等创新主体、创新资源，加速融合、协同创新，构建关键核心技术攻关新型体制，开展技术联合攻关，打通产业链、供应链、创新链、技术链、价值链。支持在北京、上海等创新资源富集地区建设科创中心，集聚利用异地创新要素，打造“科研飞地”。加强企业技术中心能力建设，实施创新企业百强工程，培育一批具有国际影响力的创新型领导企业，引领带动上下游产业创新能力提升。加大对科技型企业创新支持力度，引导企业加大研发投入，对云南省列入国家重点研发计划、国家科技重大专项及省重大科技专项的创新科技项目，给予人才、设备、资金等方面的专项支持；深入开展大众创业、万众创新，建设“双创”示范基地，发展专业化众创空间。设立云南省制造业创新设计奖，激发全社会创新设计的积极性和主动性。

6.3.3 加速技术成果产业化

主动围绕产业链部署创新链，围绕创新链安排资金链，加大创新成果转化力度，建立覆盖企业初创、成长、发展等不同阶段的政策扶持体系，集成各类创新要素持续支持重大产业化项目，致力于解决科技和产业“两张皮”的问题。大力培育专业技术转移机构，加快建设一批创业苗圃、众创空间、孵化器、加速器、计量测试、检验检测、认证认可、数据中心等创业载体及标准化技术平台等创新公共服务平台。加大创新产品政府采购力度，优先采购首台（套）重大装备及关键零部件等自主新产品，对于利用财政资金开展成果转化的项目，推动其开展限时转化。发挥技术产权交易市场作用，定期发布企业创新需求和高校科研成果信息，利用互联网平台，多渠道举办科技创新成果交流对接会，打造技术成果集聚交易平台。争取高等院校研究院和大学科技园、科研院所在云南省内设立分支机构，深化科技入滇，以研发外包、联合攻关、产业联盟、示范基地等形式，支持多种途径的引进技术吸收与创新，吸引更多创新成果到云南孵化转化。

6.3.4 加强传统产业技术改造

大力推进企业技术改造升级，以信息化、智能化、网络化、绿色化为主要方向，引导传统企业广泛应用新技术、新设备、新工艺、新材料改造提升，促进工业互联网、大数据、云计算、人工智能、区块链等新技术与制造业深度融合，推动制造业转型升级。加大智能化装备研发投入，提高技术供给能力。在制造业重点领域开展创新设计示范，全面推广应用以绿色、智能、协同为特征的先进设计技术。发展智能专业服务业，为制造业企业自动化提供从设计、制造到安装、售后服务的一体化服务；完善创新设计生态系统，加强设计领域共性关键技术研发，攻克信息化设计、过程集成设计、复杂过程和系统设计等核心共性技术，开发一批具有自主知识产权的关键设计软件，建成若干具有全国影响力的创新设计集群，培育一批专业化、开放型的工业设计企业，鼓励代工企业成立研究设计中心，向代设计和出口自主品牌产品转变。加强标准体系建设，组织实施制造业标准化提升计划，在智能制造等领域开展综合标准化工作。发挥企业在标准制定中的重要作用，支持组建重点领域标准推进联盟，建设标准创新研究基地，协同推进产品研发与标准制定。制定满足市场和创新需要的团体标准，支持企业、科研院所、行业组织等参与国际标准制定，加快云南省标准的国际化进程，全面做好标准的宣传贯彻。

6.3.5　强化知识产权保护应用与品牌塑造

立足技术路线图及技术预见等，建设云南省重点产业领域关键核心技术的知识产权数据库，组建知识产权联盟，将侵犯知识产权的行为列为犯罪行为，依法进行打击，并将有关行为纳入社会信用记录进行动态管理。鼓励产业链企业运用综合知识产权保护手段打造自有品牌，提升主打产品的知名度和市场占有率。依托各类开发区、产业基地和特色产业集群，以新兴产业、高新技术产业和传统优势产业为重点，支持云南制造业企业依托品牌等资源优势，在国内外市场沿着产业链条方向开展垂直整合以及兼并重组活动。对接国家制造业品牌创新专项行动，整体推进制造业区域品牌、企业品牌和产品品牌建设，提升云南制造参与国际国内竞争合作的软实力。建立“云南制造”品牌建设制度体系，开展“云南制造”品牌认证和国际互认，加快实现由云南产品向云南品牌转变。依托各类开发区、产业基地和特色产业集群，以新兴产业、高新技术产业和传统优势产业为重点，支持云南制造业企业在国内外以品牌资源优势开展产业链垂直整合和兼并重组，鼓励地标型企业开展商标国际注册、收购国际商标、打造国际知名品牌。继续深入开展质量强企、质量强业活动，继续推广 9000 系列质量管理标准以及 GMP（良好生产规范）、HACCP（危害分析与关键控制点）等管理体系标准，推广应用卓越绩效管理、六西格玛、质量管理小组、精益生产等先进质量管理技术和方法，全面加强质量管理基础工作，积极推动企业建立全员、全方位、全过程的质量管理体系。探索推动企业建立首席质量官制度。加强产品质量监督管理，完善企业质量档案和产品质量信用信息记录，建立完善产品质量失信“黑名单”制度，完善生产许可、强制性认证、特种设备安全监察等监管制度，引导企业积极履行社会责任，提高质量和信誉水平。

6.3.6 深入推进军民技术融合

聚焦国家战略，加强国防技术转化和军民资源共享，鼓励各类制造业企业参与国防建设，加强军民融合重大项目建设，建设一批军民融合创新平台，在军工产业基础较好的地区推进军民技术双向转移和转化应用。支持军工企业发挥优势向新能源、民用航空航天、物联网、电子信息等新兴领域拓展业务，引导优势民营企业进入国防科研生产和维修领域，构建各类企业公平竞争的政策环境，促进军民两用技术产业化发展。

6.4 以融通发展为导向，提升产业链供应融合化水平

打好产业链现代化攻坚战，培育更多产业链主导企业是问题的一个方面。要提升产业控制能力，在产业链上培育更多占据主导性地位的“链主”。坚持培育与引进并举，加强企业梯队培育，鼓励产业链链条上的企业与国内外龙头企业开展配套合作。培养高成长性创新型企业，孵化科技型中小微企业，引导培育具有产业主导力的链主企业，构建大中小企业支撑体系。

6.4.1 做强做优大企业、大集团

要围绕制造业产业集群化发展，以产业为支撑，以项目为载体，建立

千亿级龙头企业、百亿级骨干企业培育库，开展重点后备大型骨干企业遴选，建设完善各级政府部门与千亿级培育企业的战略合作机制，全力做好市场主体培育工作，鼓励支持围绕龙头骨干企业建立相关的产业链配套园区，培育一批具有核心竞争力的千亿级旗舰型企业或企业集团，发挥中坚引领作用。基于产业组织视域，要大力培育产业链链主，即不断培育本省的产业控制者。鼓励行业龙头企业围绕主导产品推进产业链向纵深发展，收购兼并能在价值链上发挥链主效应的国外品牌及营销网络体系。

6. 4. 2　培育壮大中小企业

完善中小企业服务体系，在融资担保、资金扶持、辅导培训、企业减负、人才培养等方面给予倾斜，实施“专精特新”企业培育行动计划，细化“专精特新”中小企业认定标准，建立完善“专精特新”中小企业库，培育一批创新能力强、市场占有率高、掌握关键核心技术、质量效益优良的“独角兽”企业和专精特新“小巨人”企业，为构建制造业现代产业体系和产业链提供有力支撑。实施中小企业提升工程，推动制造业中小企业在研发设计、生产制造、经营管理、市场开拓等环节持续改进，加快培育制造业企业“单项冠军”和“隐形冠军”。降低市场准入门槛，支持中小企业专注细分市场，掌握专项、专利技术，培育一批具有核心竞争力的骨干企业和中小科技型、创新型、配套型企业。引导大企业与中小企业通过专业分工、服务外包、订单生产等多种方式，建立协同创新、合作共赢的协作融通关系，建设一批高水平的中小企业集群。支持中小企业推出一批“小而精”“小而优”“小而特”的产品品牌，申报国家名牌产品和驰名商标。

6. 4. 3　继续深化国有企业改革和鼓励企业上市

推进国有制造业企业深化产权多元化改革，围绕相似或业务紧密关联领域推进整合重组，加快国有企业龙头企业的整体上市进度，推进国有企业重组多元化、资产证券化改造，支持省内外企业参与竞争性领域国有企业改制重组，建立与市场经济相适应、与新发展理念相衔接的现代企业制度，完善现代法人治理结构，构建新时代市场化经营机制。支持云南省资本投资运营公司等国有资本运营平台积极参与，引进民企、外企等参资入股。完善企业上市激励扶持政策，研究制定新的企业上市激励措施，大力开展高成长型、创新型中小企业上市培育工作，进一步提高云南省重点产业的集中度和核心竞争力。

6.5 以空间集聚为方向，提升产业链空间集聚化水平

按照省级统筹协调、突出特色、协同发展的总体要求，优化制造业产业空间布局，产业全链条布局进一步拓展，重点围绕新兴产业及八大重点产业打造地标式产业，形成功能完善、结构优化的全产业链布局，完善产业空间体系。

6.5.1 依托云南省重点园区进行产业集聚

围绕前沿材料、生物医药、高端装备、现代农业等打造一批在全产业链布局的地标产业，形成各具特色、错位发展的产业空间体系。根据《云南主体功能区规划》，紧抓重点工业园区、工业重点县，推进“区区合作、品牌联动”园区发展模式创新，推动重点开发区域加快新型工业化进程，大力发展制造业产业集群，以促进产业集聚和提高经济效能为引领，布局建设一批产业链条全、关联性强、集中度高的产业集群。

6.5.2 加快园区优化提升

按照《云南省各类开发区优化提升总体方案》的要求，推动开发区的持续深化改革、产业结构的优化升级，促进开发区产业集聚发展，实现高质量跨越式发展，做优做强开发区的各类产业发展平台，发挥更大的支撑作用。大力开展绿色园区等各类新型园区建设，有效衔接属地基础设施及公共服务设施，全面提升园区辐射功能和产业承载能力，促进产城融合发展，实现一体布局、联动发展，推动园区转型发展，促进各类园区加快形

成新兴产业先发优势、生产性服务业集聚优势、主导产业品牌优势，实现产业链创新持续发展。

6.6　以合作共赢为基础，提升产业链对外开放水平

坚持统筹好国内外要素资源，积极探索多元化有效合作模式，对接国际标准，构建制造业高质量发展的指标、政策、标准、统计等体系，努力营造法治化、国际化、便利化的营商环境，推动制造业开放合作向制度型开放转变。

6.6.1　构建全面开放新格局

积极对内深化与周边合作区域、省份的交流合作，推动对外开放向更大范围、更宽领域、更深层次推进，以更高水平拓展发展空间。充分发挥区位优势，以大项目对接为重点，全面对接长三角、京津冀、粤港澳、成渝经济区，重点对接粤、沪、苏、浙等重点省市创新链、产业链、人才链，实施点对点、链对链产业精准承接、科技创新合作，加强重大项目合作。加快“走出去”步伐，拓展新的发展空间。以各类开发区、工业园区为载体，创新跨省市合作模式，注重发挥展会的市场主渠道作用，精心组织企业参加国内外重点展会；办好中国-南亚博览会，着力打造具有全球影响力的特色展会；主动对接中国国际进口博览会等重大会展平台，深度融入区域合作。

6.6.2　转变外贸发展方式

深化实施产业链提升工程，加强出口产品质量、品牌和营销渠道建设，不断推动加工制造向研发、检测、维修、销售、服务等高附加值环节延伸，打造以产品、技术、品牌、质量、服务为核心要素的一般贸易竞争新优势。加快发展贸易结算中心、财务中心和销售中心等功能性业态，推动加工贸易企业向总部形态延伸。支持企业加大国际市场开拓力度，培育新兴业态，鼓励企业大力发展市场采购贸易、跨境电子商务等新型贸易方

式，支持企业在境外开展并购和股权投资、创业投资，建立研发中心、海外运营中心、仓储物流基地、实验基地、贸易集散中心和全球营销及服务体系，开展境外资源开发和境外加工贸易，促进内外贸融合发展。依托互联网开展网络协同设计、精准营销、增值服务创新、媒体品牌推广等，建立全球产业链体系，提高国际化经营能力。支持龙头企业通过并购、重组、战略合作等形式，获取发达国家市场知名品牌、高新技术、营销渠道、高端人才等资源，加快发展成为在先进制造业中有较强国际竞争力的跨国公司。引导企业融入当地文化，增强社会责任意识，加强风险管理，提高企业在境外的本土化能力。针对主要行业的主要出口产品和主要出口目标国，深入开展技术性贸易壁垒研究，构建与云南出口贸易相适应的技术性贸易壁垒预警机制。

6.6.3 提高利用外资质量

加强宣传推介、招商引资，推进线上线下融合招商引资，鼓励与支持以产业链高端和技术创新环节为招商引资重点，加大先进制造业、新兴产业、生产性服务业外资引进力度，注重引进在全球产业链、价值链处于中高端的产业，重点引进外资研发机构、科技服务机构等，吸引外商投资新能源、新材料、生物医药、高端装备制造等新兴产业，激励外资企业研发机构进驻、核心技术植入，增强外资技术溢出和综合带动效应。引导各地以特色产业链为主脉，深化产业链招商，实现差异发展、错位布局、有序竞争。加快区域性外资总部集聚区建设，引进和培育一批具有地区总部特征或共享功能的外资企业，积极发展外资总部经济。加大高端外资研发机构引进力度，注重吸引海外知名大学、研发机构、跨国公司在云南设立全球性或区域性研发中心。推进外资并购或以知识产权出资等投资方式，实现引资方式多元化，鼓励外资企业通过兼并收购、发展混合所有制经济等做大做强。

第 7 章

PART 7

研究结论和未来展望

7.1　研究结论

产业链现代化是我国提出的崭新命题，对实现高质量发展具有重要的现实意义。产业链现代化兼顾产业链和现代化两种特性，是用新技术、新理念、新方式改造提升传统产业链的动态过程，使其在价值链、技术链、供应链和空间链四个维度达到领先于全球的竞争力水平。产业链现代化具有价值高端化、技术创新化、供应融合化、空间集聚化的“四化”特性。

云南在工业制造、重点产业培育、重大创新突破、绿色制造体系等领域具有较好的产业链现代化基础条件，但产业规模偏小、创新能力不强、开放层次不足等问题制约着云南产业链现代化活动的开展及其效果。

本书借鉴个别通用指标，从价值高端化、技术创新化、供应融合化、空间集聚化四个层面设计符合产业链现代化的针对性指标，各指标层的选取充分考虑逻辑性和可用性。本书构建了产业链现代化评价指标体系，并运用灰色系统理论构建了产业链现代化的综合评判模型，以云南生物医药产业、天然气、高原特色现代农业、绿色能源产业等为例进行实证分析。结果表明，云南省生物医药产业链现代化处于中等水平，天然气产业链现代化处于中等偏下水平，高原特色现代农业产业链现代化处于中等偏下水平，绿色能源产业链现代化处于良好水平。

发达国家较早将产业链建设上升为国家战略，并将其提升至全球治理的宏观层面，通过制定产业链政策提升区域产业竞争力，推进多边合作。美国、日本、英国、德国等国家注重顶层设计和规划牵引、注重发挥企业和平台作用、注重制度创新和政策保障等的做法与经验为云南推进产业链现代化提供了参考和借鉴。针对云南推进产业链现代化面临的“瓶颈”，本书提出以下六条对策建议：一是以责任落实为根本，建立产业链高位推进机制；二是以夯实基础为目标，实施优化调整产业结构；三是以自主可控为核心，提升产业技术创新水平；四是以融通发展为导向，构建大中小企业支撑体系；五是以空间集聚为方向，构建产业链协同发展新格局；六是以合作共赢为基础，提升产业链对外开放水平。

7.2 未来展望

本书研究存在以下不足：一是只选取了一些典型性、对提升产业链现代化水平具有关键作用的指标进行研究和分析，具有一定的局限性。二是实证案例范围有限。考虑到数据的可得性，本书仅选取云南生物医药、天然气、高原特色现代农业、绿色能源等产业的横截面数据开展实证研究，未进行纵向对比，无法体现产业链现代化水平的变动趋势。

未来研究可以聚焦以下方向：一是探讨产业链现代化评价指标之间的作用关系，完善产业链现代化理论体系；二是开展产业链现代化纵向对比分析，刻画产业链现代化发展变化的动态属性。

总之，本书研究只是初步的探索和尝试，产业链现代化具有较好的前景，希望本书建立的评价指标体系可以为推进产业链现代化及相关研究提供理论参考和实践借鉴。

参考文献

[1] ANDY N, MIKE G, KEN P. Performance measurement system design [J]. International Journal of Operations & Production Management, 1995, 15 (4): 80-116.

[2] GEREFFI G, KORZENIEWICZ M. Commodity chains and global capitalism [M]. Westport, Conn.: Greenwood Press, 1994.

[3] HIRSCHMAN A O. The strategy of economic development [M]. New Haven: Yale University Press, 1958.

[4] HUBERT. The value of value chains [J]. IDS Bulletin, 2007 (3): 45-51.

[5] HUMPHREY J, SCHMITZ H. How does insertion in global value chains affect upgrading in industrial cluster [J]. Regional Studies, 2000 (9): 1017-1027.

[6] KRUGMAN P. Growing world trade: causes and consequences [J]. Brookings Papers on Economic Activity, 1995, 26 (1): 327-377.

[7] KRUGMAN P. Increasing returns and economic geography [J]. Journal of Political Economy, 1991 (99): 483-499.

[8] LEE J, GEREFFI G, BEAUVAIS J. Global value chains and agrifood standards: challenges and possibilities for smallholders in developing countries [J]. Proc Natl Acad Sci, U S A, 2012, 109 (31): 12326-12331.

[9] NEELY A, GREGORY M, PLATTS K. Performance measurement system design: a literature review and research agenda [J]. International Journal of Operations & Production Management, 1995, 15 (4): 80-116.

［10］阿尔弗雷德·韦伯．工业区位论［M］．李刚剑，陈志人，张英保，译．北京：商务印书馆，1997.

［11］阿历克斯·英格尔斯．人的现代化素质探索［M］．曹中德，译．天津：天津社会科学院出版社，1995.

［12］艾森斯塔德 S N．大革命与现代文明［M］．刘圣中，译．上海：上海人民出版社，2012.

［13］布莱克 C E．现代化的动力［M］．段小光，译．成都：四川人民出版社，1988.

［14］蔡宇．关于产业链理论架构与核心问题的思考［J］．统计与决策，2006（17）：114-116.

［15］曹群，姜振寰．产业链的内涵及特性分析［J］．商业研究，2008（11）：133-136.

［16］曹顺良，刘杰，李宁，等．上海市信息服务业产业集群分析［J］．软科学，2008（11）：31-34.

［17］曹月佳．未来中国技术创新的生态圈建设非常重要［J］．国际融资，2017（11）：35-40.

［18］陈朝隆，陈烈，金丹华．区域产业链形成与演变的实证研究：以中山市小榄镇为例［J］．经济地理，2007（1）：64-67.

［19］陈亮，王彩波．国家治理现代化：理论诠释与实践路径［J］．重庆社会科学，2014（9）：35-42.

［20］陈柳钦．产业价值链：集群效应和链式效应［J］．理论探索，2007（2）：78-81.

［21］成德宁．我国农业产业链整合模式的比较与选择［J］．经济学家，2012（8）：52-57.

［22］程李梅，庄晋财，李楚，等．产业链空间演化与西部承接产业转移的“陷阱”突破［J］．中国工业经济，2013（8）：135-147.

［23］丁俊发．美国全球供应链安全国家战略与中国对策［J］．中国流通经济，2016，30（9）：5-9.

［24］谷永芬，吴倩．我国农业产业链升级路径选择［J］．江西社会科学，2011，31（8）：88-93.

［25］郝淑丽．废旧纺织品服装回收产业链及其运行模式分析［J］．毛纺科技，2016，44（6）：62-64.

［26］洪勇，苏敬勤．发展中国家核心产业链与核心技术链的协同发展研究［J］．中国工业经济，2007（6）：38-45.

［27］胡鞍钢．中国国家治理现代化的特征与方向［J］．国家行政学院学报，2014（3）：4-10.

［28］胡乐明．产业链与创新链融合发展的意义与路径［J］．人民论坛，2020（31）：72-75.

［29］江进富，王承忠，汪晓东．嫁接“生态产业链”林工两业齐发展：婺源县中洲林场的调查［J］．中国环境管理，1992（5）：41-42.

［30］匡茂华，李海海．创新链和产业链双向融合路径探析［J］．人民论坛，2020（15）：190-191.

［31］李超，王超．《贵州民族研究》创刊40周年刊文分析与研究热点：基于Cite-space知识图谱的可视化分析［J］．贵州民族研究，2019，40（9）：171-179.

［32］李杰，李慧杰，陈伟炯，等．国内社会科学研究中知识图谱应用现状分析［J］．图书情报研究，2019，12（1）：74-81.

［33］李杰，陈美超．CiteSpace：科技文本挖掘及可视化［M］．北京：首都经济贸易大学出版社，2017.

［34］李君华，彭玉兰．基于全球供应链的产业集群竞争优势［J］．经济理论与经济管理，2004（1）：38-43.

［35］李瑞光，许传坤．产业链视角下云南天然气产业发展困境及破解路径［J］．中国经贸导刊（中），2021（9）：38-40.

［36］李瑞光，杨映明，孙静．产业技术路线图评价机制研究［J］．科技管理研究，2012，32（15）：176-179.

［37］李万．加快提升我国产业基础能力和产业链现代化水平［J］.

中国党政干部论坛，2020（1）：26-30.

[38] 李燕．夯实产业基础能力 打好产业链现代化攻坚战 [N]．中国工业报，2019-09-12（2）．

[39] 李媛．国家审计视角下产业链供应链现代化水平提升路径研究 [J]．西部财会，2021（4）：71-73.

[40] 凌大琦．克服重、散、旧 发展产业链群体 [J]．山西化工，1990（1）：2-5.

[41] 刘贵富，赵英才．产业链节点企业研究 [J]．工业技术经济，2006（9）：61-64.

[42] 刘思峰．灰色系统理论及其应用 [M]．北京：科学出版社，2010.

[43] 刘志彪．产业链现代化的产业经济学分析 [J]．经济学家，2019（12）：5-13.

[44] 柳琦，丁云龙．产业集群的技术成因分析 [J]．中国科技论坛，2005（4）：122-125.

[45] 罗仲伟，孟艳华．"十四五"时期区域产业基础高级化和产业链现代化 [J]．区域经济评论，2020（1）：32-38.

[46] 马朝良．产业链现代化下的企业协同创新研究 [J]．技术经济，2019，38（12）：42-50.

[47] 迈克尔·波特．竞争优势 [M]．陈小悦，译．北京：华夏出版社，2005.

[48] 孟连生．文献计量学与中国图书馆事业发展 [M]．北京：国家图书馆出版社，2010.

[49] 苗圩．提升产业链供应链现代化水平 [J]．中国经济评论，2021（2）：10-13.

[50] 芮明杰，刘明宇．网络状产业链的知识整合研究 [J]．中国工业经济，2006（1）：49-55.

[51] 芮明杰．构建现代产业体系的战略思路、目标与路径 [J]．中国

工业经济，2018（9）：24-40.

［52］塞缪尔·P. 亨廷顿．变化社会中的政治秩序［M］. 王冠华，等译．上海：上海人民出版社，2008.

［53］塞缪尔·P. 亨廷顿．现代化：理论与历史经验的再探讨［M］. 张景明，译．上海：上海译文出版社，1993.

［54］盛朝迅．推进我国产业链现代化的思路与方略［J］. 改革，2019（10）：45-56.

［55］孙威，毛凌潇．基于 CiteSpace 方法的京津冀协同发展研究演化［J］. 地理学报，2018，73（12）：2378-2391.

［56］孙泽生，陶晶晶，单文齐．中国钢铁产业链比较优势和规模经济的空间演化："一带一路"背景［J］. 地域研究与开发，2020，39（1）：1-6.

［57］塔尔科特·帕森斯．社会行动的结构［M］. 张明德，译．南京：译林出版社，2012.

［58］塔尔科特·帕森斯．现代社会的结构与过程［M］. 梁向阳，译．北京：光明日报出版社，1988.

［59］王缉慈．关于创新性产业集群的培育问题［J］. 中国科技产业，2005（12）：34-37.

［60］王凯．中国农业产业链管理的理论与实践研究［M］. 北京：中国农业出版社，2004.

［61］王莉军，姚长青，刘志辉．一种文本挖掘和文献计量的科技论文评估方法［J］. 情报科学，2019，37（5）：66-70.

［62］魏后凯．大都市区新型产业分工与冲突管理：基于产业链分工的视角［J］. 中国工业经济，2007（2）：28-34.

［63］魏晓蓓，王淼．"互联网+"背景下全产业链模式助推农业产业升级［J］. 山东社会科学，2018（10）：167-172.

［64］吴海平，宣国良．价值链系统构造及其管理的演进研究［J］. 上海管理科学，2003（1）：37-39.

[65] 吴金明，邵昶．产业链形成机制研究：“4+4+4”模型［J］．中国工业经济，2006（4）：36-43.

[66] 西里尔·E. 布莱克．比较现代化［M］．杨豫，译．上海：上海译文出版社，1996.

[67] 西蒙·库兹涅茨．现代经济增长：速度、结构与扩展［M］．戴睿，易诚，译．北京：北京经济学院出版社，1989.

[68] 肖荣美，霍鹏．以工业互联网为关键抓手 推动制造业产业链现代化［J］．长沙大学学报，2020，34（1）：83-89.

[69] 许益亮，靳明，李明焱．农产品全产业链运行模式研究：以浙江寿仙谷为例［J］．财经论丛，2013（1）：88-94.

[70] 许英明，王文娟．我国核电产业链优化路径探讨［J］．工业技术经济，2010，29（2）：45-47.

[71] 尹琦，肖正扬．生态产业链的概念与应用［J］．环境科学，2002（6）：114-118.

[72] 英格尔斯．人的现代化［M］，殷陆君，译．成都：四川人民出版社，1985.

[73] 于斌斌．基于进化博弈模型的产业集群产业链与创新链对接研究［J］．科学学与科学技术管理，2011，32（11）：111-117.

[74] 郁义鸿．产业链类型与产业链效率基准［J］．中国工业经济，2005（11）：35-42.

[75] 袁继新，王小勇，林志坚，等．产业链、创新链、资金链“三链融合”的实证研究：以浙江智慧健康产业为例［J］．科技管理研究，2016，36（14）：31-36.

[76] 张其仔．提升产业链供应链现代化水平要精准施策［J］．中国经济评论，2021（2）：2.

[77] 张庆彩，吴椒军，张先锋．我国新能源汽车产业链协同发展升级的运行机制及路径探究［J］．生态经济，2013（10）：122-125.

[78] 张申．国家治理与现代化经济体系辩证关系解析［J］．上海经

济研究，2020（5）：32-36.

［79］张小蒂，朱勤．论全球价值链中我国企业创新与市场势力构建的良性互动［J］．中国工业经济，2007（5）：30-38.

［80］张耀辉．产业创新的理论探索［M］．北京：中国计划出版社，2002.

［81］张振刚，郑少贤．技术能力与产业链整合能力的相互关系研究：以金发科技为例［J］．中国科技论坛，2013（9）：64-69.

［82］赵小芸．旅游产业的特殊性与旅游产业链的基本形态研究［J］．上海经济研究，2010（6）：42-47.

［83］赵绪福．农业产业链优化的内涵、途径和原则［J］．中南民族大学学报（人文社会科学版），2006（6）：119-121.

［84］郑江淮，戴玮，冉征．"十四五"时期提升产业链现代化发展水平的路径：以江苏为例［J］．现代管理科学，2021（1）：4-15.

［85］周天勇．中国现代化的历程与未来发展的任务［J］．北京社会科学，2009（5）：32-37.

［86］周毅．现代化理论学派及其利弊分析［J］．上饶师范学院学报（社会科学版），2003（2）：36-42.

［87］周颖，尹昌斌，张继承．循环农业产业链的运行规律及动力机制研究［J］．生态经济，2012（2）：36-40.

［88］朱荣贤．现代化理论研究综述［J］．学术论坛，2005（10）：20-23.

重要术语索引